Ética antiga e medieval

SÉRIE ESTUDOS DE FILOSOFIA

inter
saberes

Ética antiga e medieval

2ª edição

Reginaldo Polesi

intersaberes

Rua Clara Vendramin, 58 . Mossunguê
CEP 81200-170 . Curitiba . PR . Brasil
Fone: (41) 2106-4170
www.intersaberes.com
editora@intersaberes.com

Conselho editorial
Dr. Alexandre Coutinho Pagliarini
Dr.ª Elena Godoy
Dr. Neri dos Santos
M.ª Maria Lúcia Prado Sabatella

Editora-chefe
Lindsay Azambuja

Gerente editorial
Ariadne Nunes Wenger

Assistente editorial
Daniela Viroli Pereira Pinto

Edição de texto
Monique Francis Fagundes Gonçalves

Capa
Denis Kaio Tanaami (*design*)
Sílvio Gabriel Spannenberg (adaptação)
Everett Collection/Shutterstock (imagem)

Projeto gráfico
Bruno Palma e Silva

Iconografia
Regina Claudia Cruz Prestes

Dados Internacionais de Catalogação na Publicação (CIP)
(Câmara Brasileira do Livro, SP, Brasil)

Polesi, Reginaldo
    Ética antiga e medieval / Reginaldo Polesi. -- 2. ed. -- Curitiba, PR : Intersaberes, 2023. -- (Série estudos de filosofia)

    Bibliografia.
    ISBN 978-85-227-0811-6

    1. Ética (Moral filosófica) 2. Ética antiga 3. Ética medieval I. Título. II. Série.

23-167480   CDD-170

Índices para catálogo sistemático:
1. Ética : Filosofia moral   170

Eliane de Freitas Leite – Bibliotecária – CRB 8/8415

1ª edição, 2014.
2ª edição, 2023.

Foi feito o depósito legal.

Informamos que é de inteira responsabilidade do autor a emissão de conceitos.

Nenhuma parte desta publicação poderá ser reproduzida por qualquer meio ou forma sem a prévia autorização da Editora InterSaberes.

A violação dos direitos autorais é crime estabelecido na Lei n. 9.610/1998 e punido pelo art. 184 do Código Penal.

sumário

dedicatória, ix
agradecimentos, xi
apresentação, xiii
introdução, xix

parte 1   *Idade Antiga*, 24

A abordagem sobre a ética, dos pré-socráticos até Platão,
28
   Os pré-socráticos, 30
   Sócrates, 46
   Platão, 49

2 Aristóteles, 62
Lendo e interpretando Aristóteles e seus intérpretes, 64
Ética em Aristóteles, 67

3 Era Helênica: epicurismo e estoicismo, 82
Epicurismo, 85
Estoicismo, 92

parte 2   Idade Média, 110

4 A Patrística, 114
Divisões e nomes importantes na patrística, 117

5 A escolástica, 138
Os diferentes períodos da escolástica, 141

6 Os árabes – Avicena e Averróis, 158
Avicena (980-1037), 161
Averróis (1126-1198), 163
Os princípios da ética de Avicena e Averróis *versus* os princípios da ética da escolástica, 168

considerações finais, 181
referências, 185
bibliografia comentada, 191
respostas, 197
nota sobre o autor, 209

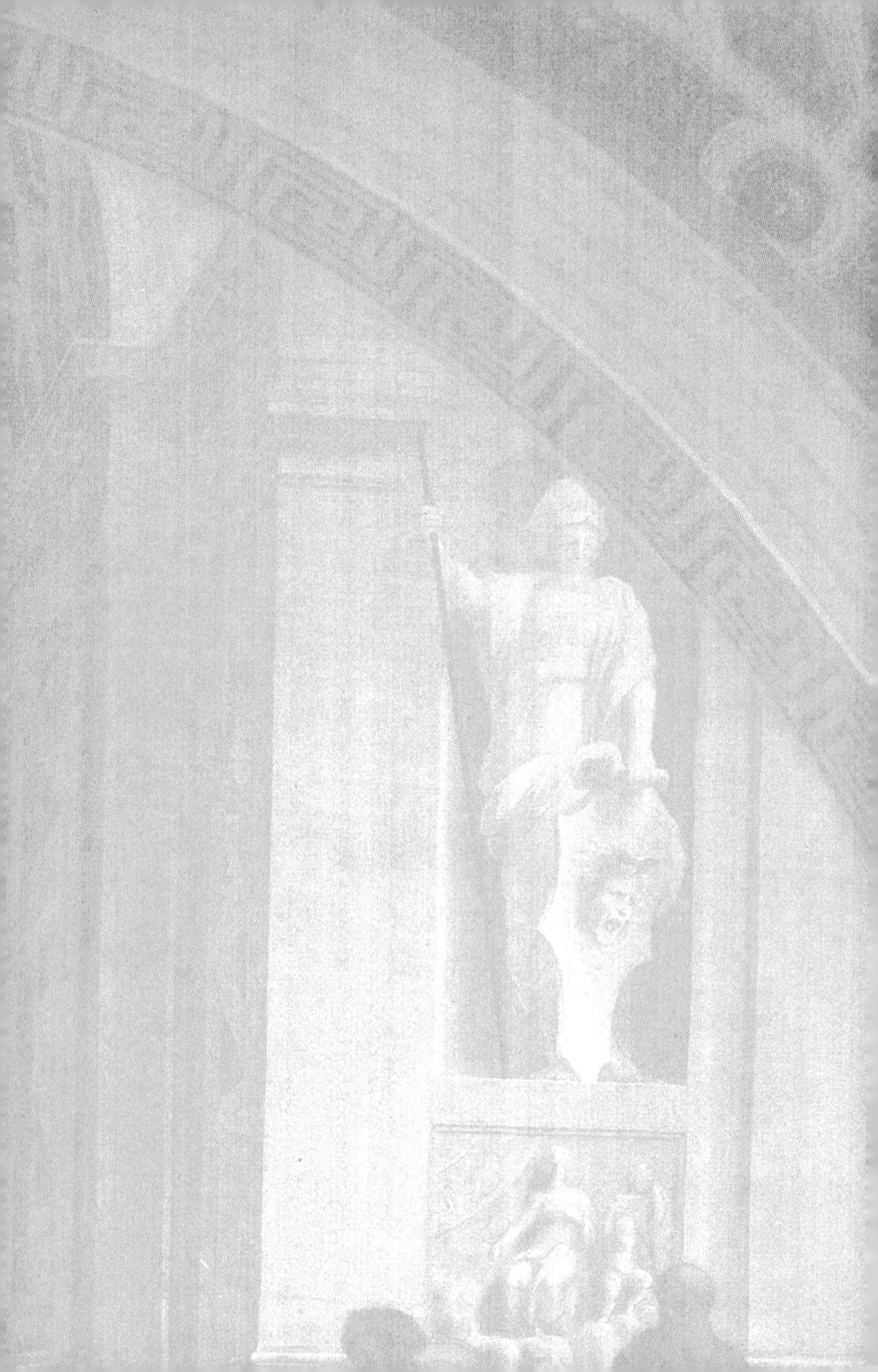

dedicatória

Dedico este trabalho a meus pais (que, embora longe geograficamente, estão sempre perto, acompanhando meu trabalho), a minha única irmã, a minha esposa e as minhas filhas.

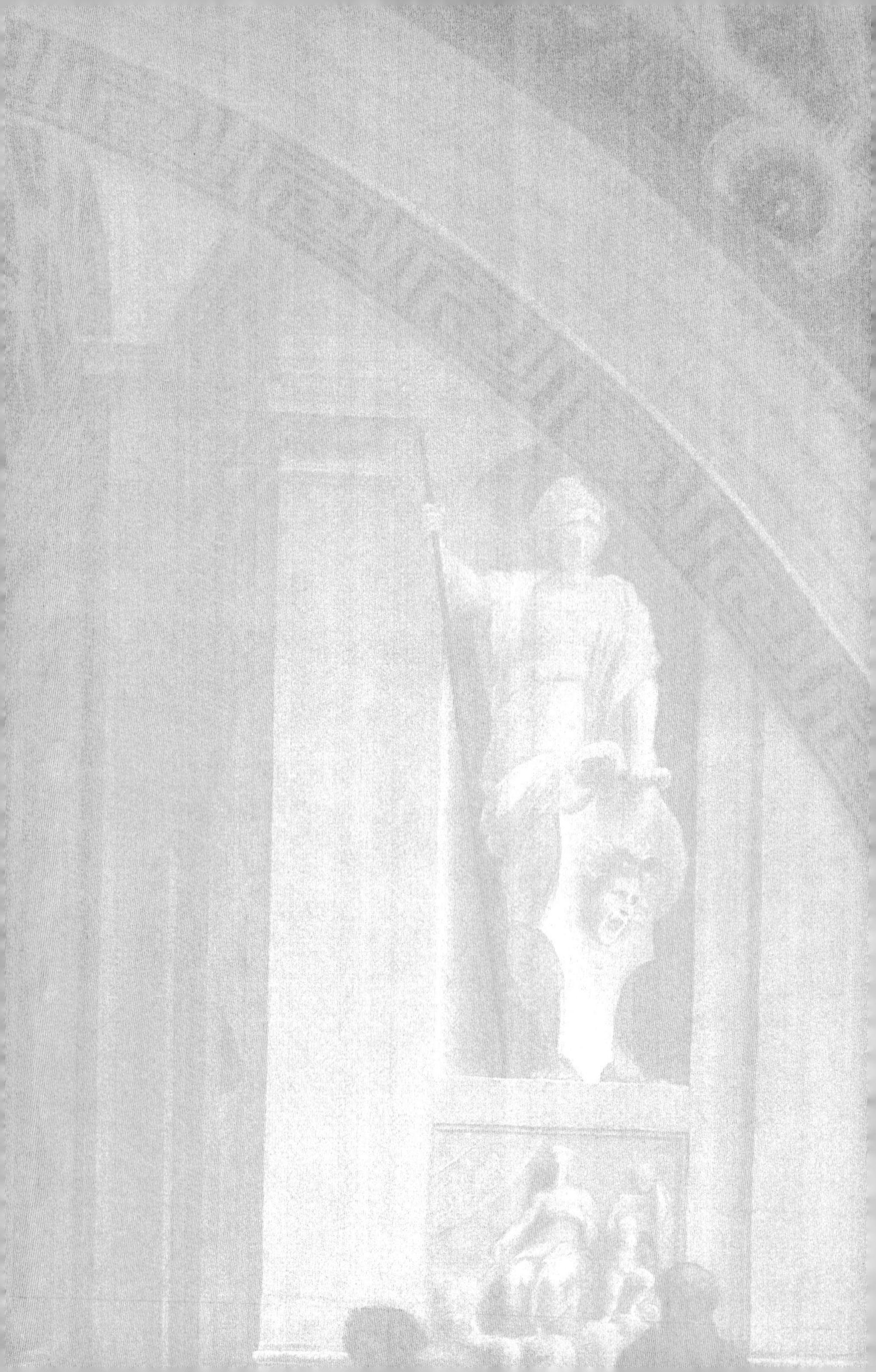

agradecimentos

Agradeço *aos amigos* que acompanharam o desenvolvimento deste trabalho e ao professor Daniel Soczek pela oportunidade de executá-lo.

apresentação

E sta *obra foi* planejada com o máximo cuidado para **facilitar seu estudo sem a presença constante e diária de um professor**. Por se tratar de filosofia, há algumas particularidades interessantes que pautaram o planejamento da obra no intuito de torná-la mais acessível.

A Filosofia é sem dúvida uma das disciplinas mais abrangentes que existem. Tente imaginar um tema qualquer que não renderia uma discussão filosófica e você se dará conta disso. Aliás, só de buscar um tema que não seja filosófico, você já está filosofando!

O motivo é simples: filosofar é, antes de tudo, pensar. Sim, pensar simplesmente, sem os formalismos e regras rígidas que se impõem a tantas disciplinas. A própria palavra *disciplina* já soa de forma muito metódica e rígida, não é mesmo? Antigamente se falava em *matéria*, mas esse termo também não combina muito com a ação de pensar, algo tão imaterial.

É claro que a filosofia não é também um conjunto desorganizado de ideias. Para a abordagem de certos temas filosóficos, requer-se a utilização de algum formalismo e métodos rigorosos, como a lógica.

No entanto, como a filosofia é, antes de tudo, pensamento, e você pode pensar sobre tudo o que quiser, inevitavelmente você perceberá que algumas coisas podem ser mais importantes, ou mais emergentes, do que outras. Por exemplo: O que lhe parece mais importante pensar no momento: o formato da tampinha da garrafa de iogurte ou o desemprego no Brasil?

Ao longo dos anos, os filósofos organizaram em uma escala de importância todas as coisas que podem ser pensadas, diferenciando-as em grupos distintos de "coisas pensáveis", segundo o seu grau de importância. Um desses grupos diz respeito ao comportamento humano, à conduta das pessoas, aos pensamentos sobre **como**, **por que** e **para que** elas se comportam, pensam e agem de determinada maneira. Esse grupo recebe o nome de *ética* – esse é o conteúdo deste livro.

Ao longo deste estudo, você conhecerá o que muitos filósofos pensaram sobre a conduta humana, sobre como funciona a máquina mental, a alma, as virtudes, a felicidade, o bem comum, o mal e muitas outras situações e condições. Provavelmente, você vai concordar com uns, discordar de outros, gostar de alguns e, quem sabe, opor-se a outros.

Mas uma coisa é certa: você estará pensando sobre **temas que são considerados extremamente relevantes para o ser humano**. Esperamos que esses pensamentos tenham em sua mente o mesmo efeito que uma atividade física teria para o seu corpo, e que pensar se torne um hábito, um vício, uma mania incontrolável.

É importante percebermos, desde o começo, que **se trata de uma disciplina bastante singular**. Por exemplo, ao contrário de muitas ciências exatas e humanas, nas quais é de grande importância saber com precisão números, nomes, fórmulas, datas e outros conteúdos, na Filosofia o que importa é a assimilação de conceitos. Um conceito assimilado dificilmente se esquece. Para exemplificar o que acabamos de afirmar, pense no conceito de *pai*. Como você o assimilou? Você com certeza não precisou decorar nenhuma informação. No entanto, se alguém lhe perguntar o que é ser pai, certamente você será capaz de dar diversos exemplos, tecer comentários e até emitir uma opinião sobre o assunto, e tudo isso sem precisar ter sido efetivamente "pai" um dia.

Na Filosofia, **os conteúdos são basicamente conceitos** e, assim como o conceito de *pai*, podem ser transmitidos de diversas maneiras. O importante é que sejam apreendidos. Isso significa que neste aprendizado estaremos livres de regras rígidas, fórmulas, equações e nomes científicos. Nosso estudo deve ser considerado um bate-papo entre amigos, do qual sairemos com novas ideias.

Como os **conceitos são a parte básica de nosso estudo**, eles recebem um tratamento em três níveis dentro de cada capítulo: há uma seção dedicada a apresentá-los, logo no início, depois eles são revistos no transcorrer do assunto, e são novamente apresentados, de forma resumida, na síntese do capítulo.

Esses três momentos em que eles aparecem constituem "chances" contínuas de você os assimilar, à semelhança do que ocorre em um ambiente de sala de aula presencial, no qual o professor se preocupa em responder as dúvidas prontamente.

Outro aspecto distinto do estudo da Filosofia é o fato de que ela difere de outras disciplinas também por seu aspecto histórico. Em cursos como Física, Matemática, Química ou Medicina, via de regra, dá-se pouca importância ao aspecto histórico, pois as necessidades de capacitação para o mercado de trabalho referem-se justamente ao conhecimento das inovações na área, do estado da arte. Nesses cursos, o objetivo maior é a formação de profissionais altamente atualizados, que sejam capazes de usar as ferramentas, os materiais e os métodos mais modernos, e segundo esse objetivo não há muito tempo ou espaço para o histórico de construção do respectivo saber (embora não devesse ser assim).

A Filosofia, por sua vez, não é nem moderna e nem antiga; ela é como um fluxo interminável de ideias que são válidas em diferentes épocas e em diferentes lugares. Isso nos faz considerar que uma das melhores maneiras de alguém se iniciar em filosofia é conhecer esse fluxo desde o seu início até à contemporaneidade.

Mas por que a nossa insistência na necessidade de assimilar os conceitos? Assimilando os conceitos apresentados pelos filósofos, você será capaz de reconhecê-los e compreendê-los, independente da época ou do lugar em que sejam mencionados. Por exemplo: uma vez compreendido o conceito de *virtude* apresentado por Aristóteles dezenas de séculos atrás, você sempre reconhecerá esse conceito, mesmo que seja num discurso moderno, que lhe chegue pela TV ou por um jornal.

Ainda no intuito de facilitar o estudo, elaboramos em cada capítulo situações e temáticas que conduzem à reflexão, à semelhança de um bate-papo entre amigos, como comentamos anteriormente. Também foram propostas algumas atividades nas quais você poderá revisar os conceitos que assimilou e depois conferir por si mesmo o quanto aprendeu.

introdução

A palavra *ética*, como usada em língua portuguesa, é muitas vezes considerada um sinônimo de *moral*. Em outras ocorrências, considera-se que se trata de conceitos distintos, entendendo-se que a *moral* se refere aos costumes, aos hábitos sociais efetivos, e a *ética* aos ideais do comportamento humano. Nessa concepção, a ética é o "como deveria ser" e a moral é o "como tem sido". Interessante notar que, nesse caso, alguém pode ser moral sem cumprir uma ética, ou não ser ético, mas agir moralmente.

No contexto da Grécia antiga, por exemplo, especialmente no período anterior a Sócrates, essa distinção entre moral e *ética* não existia. As palavras *ética*, do grego *ethos*, e *moral*, do latim *mos* ou *moris*, significam igualmente "costume". Estudantes de filosofia e filósofos ocidentais, em geral, preferem utilizar o termo *ética*: primeiro por derivar do grego, língua do berço da filosofia ocidental, e segundo por ser modernamente interpretado mais como preceito, objetivo, meta, norma, ou o "como deve ser", ao contrário de *moral*, que pode ter o significado de costume, de "como tem sido".

Uma forma interessante de assimilar o conceito de ética é apreendê-lo em de duas etapas. **Primeiro**, você deve "desconstruir" todo e qualquer conceito preestabelecido, tentando atingir a condição de uma pessoa que nunca ouviu falar sobre a *ética*, que não tem a mínima noção do que essa palavra significa. Esse exercício mental tem de ser feito porque todos nós já ouvimos falar da ética médica, do código de ética dos advogados, da falta de ética de fulano ou beltrano, e esses contextos acabaram formando um conceito de ética em nosso pensamento que não é o mesmo considerado na filosofia. O conceito moderno ocidental de ética refere-se a algo prescritivo, que determina o que fazer e o que não fazer. Tanto é assim que existem códigos de ética, ou seja, manuais com normas específicas para determinados profissionais, como se fossem leis, e isso não tem relação alguma com a ética da qual vamos tratar em Filosofia.

Depois de realizada essa etapa – a de desconstrução do conceito –, e supondo que você tenha alcançado resultados efetivos, **vamos ao próximo passo**.

Agora vamos utilizar uma alegoria que irá traduzir para você **o conceito de ética tal como empregado na filosofia.**

Imagine que em cada cidade do mundo existem duas senhoras simpáticas, uma chamada *dona Ética* e outra chamada *dona Moral*. Agora, suponha que você pretende tomar uma decisão importante em sua vida – casar-se, entrar em uma sociedade, ser prefeito ou vereador ou formar-se em uma faculdade. Em busca de aconselhamento, você vai atrás das duas simpáticas senhoras, em diversos lugares do mundo. Você lhes explica o seu plano e pergunta-lhes como deve proceder.

Comparando todas as respostas, você compreenderá exatamente o que é a ética em filosofia, e qual a sua diferença com a moral.

Na **sua cidade**, a **dona Moral** lhe entregou um texto extenso, com centenas de prescrições sobre o que é proibido, o que é permitido e o que é obrigatório. A **dona Ética**, por sua vez, não lhe entregou nada, apenas lhe disse algumas poucas palavras, explicando que, independentemente do que você pretende fazer, deverá fazê-lo tendo em vista o bem comum, a felicidade e a harmonia de todos.

Nas **outras cidades**, a **dona Moral** também lhe entrega enormes listas de regras. As normas são diferentes de acordo com o lugar, embora haja semelhanças. Comparando todas as listas das várias senhoras da Moral, você percebe que as regras se chocam entre si. A **dona Ética**, no entanto, sempre lhe disse a mesma coisa: "busque o bem comum, a felicidade para todos, a harmonia".

Por meio dessa alegoria, você deve ter percebido que, se algo já vem "pronto", prescrito em detalhes, com proibições, permissões e obrigações, trata-se de moral; e se algo apenas orienta a buscar o que é melhor para todos nas diversas situações e de acordo com o momento e as circunstâncias, sem regras rígidas, trata-se de ética.

A moral muda com o tempo e com a região, enquanto a ética é universal, para qualquer homem e em qualquer lugar ou época. Agora você deve estar percebendo que, em termos filosóficos, o código de ética de uma profissão é, na verdade, um código de moral.

Partindo do significado que foi exposto sobre a ética no âmbito da filosofia, sem incorrer em tratados de moral, faremos neste livro um estudo da **ética antiga e medieval**.

Trata-se de nos aprofundarmos um pouco na história da ética e em como essa parte da Filosofia se desenvolveu ao longo do período ao qual nos referimos.

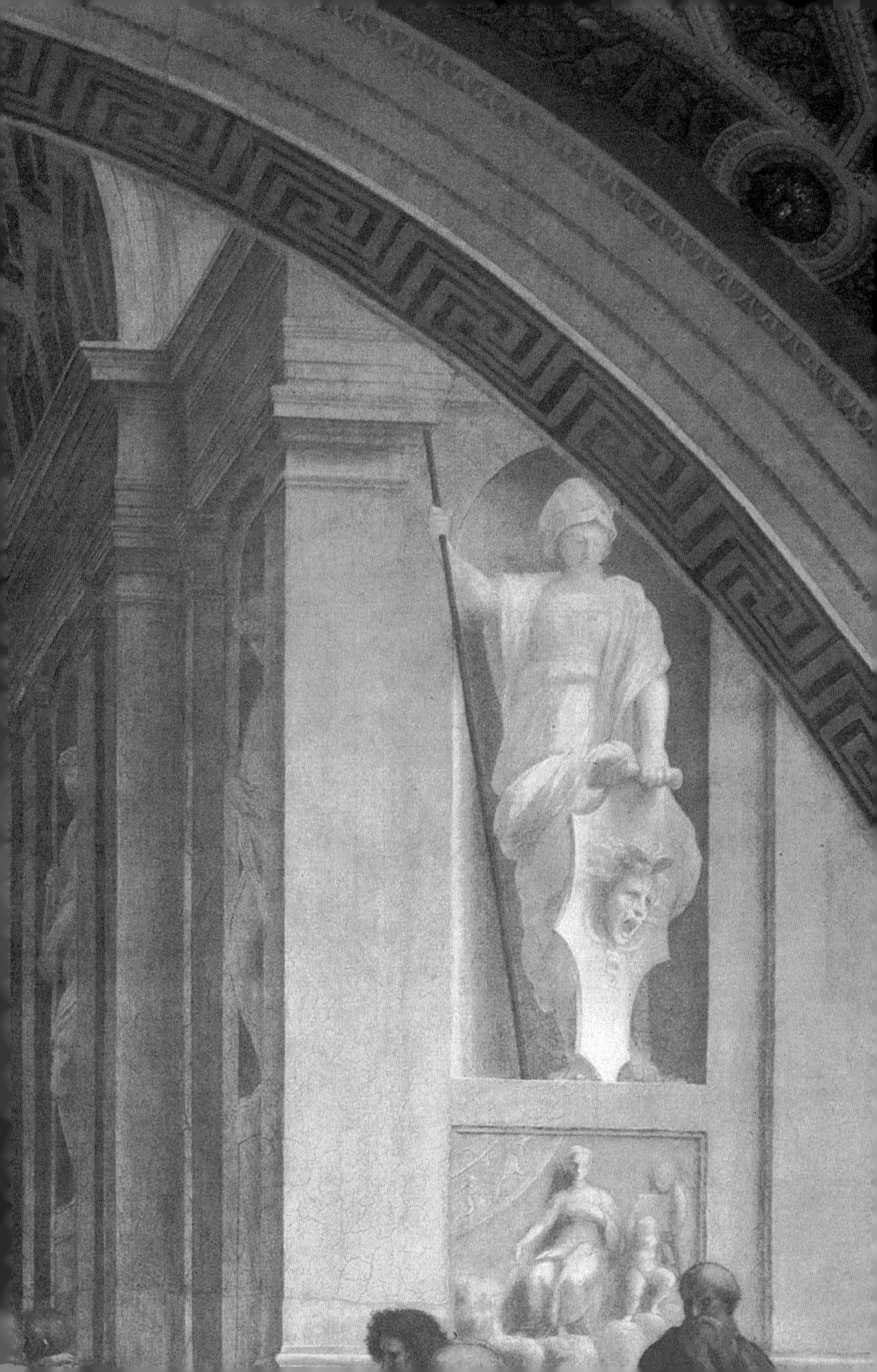

Parte 1

Idade Antiga

O *objetivo desta primeira* parte é estudar o pensamento filosófico do período pré-socrático até Platão.

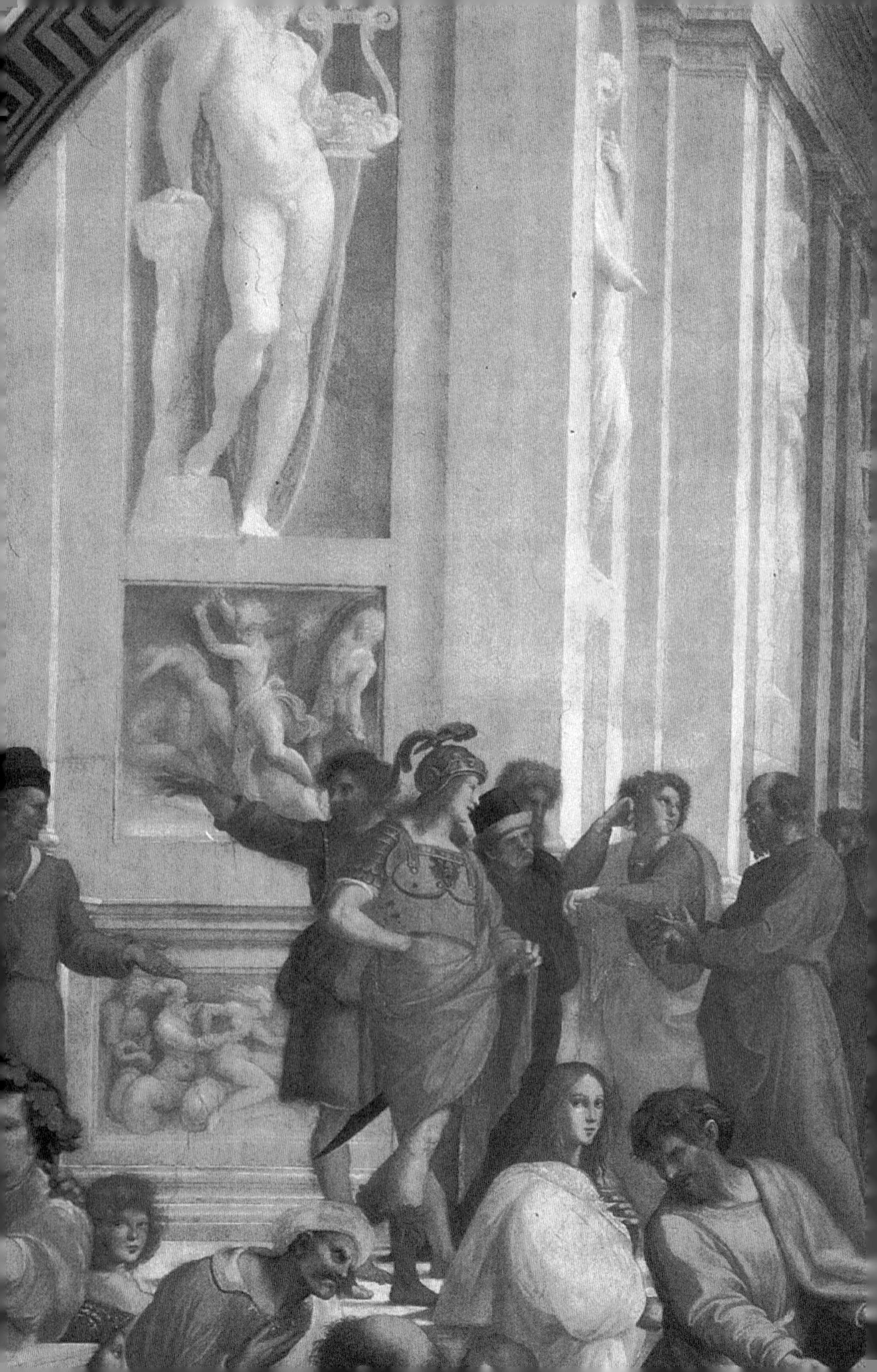

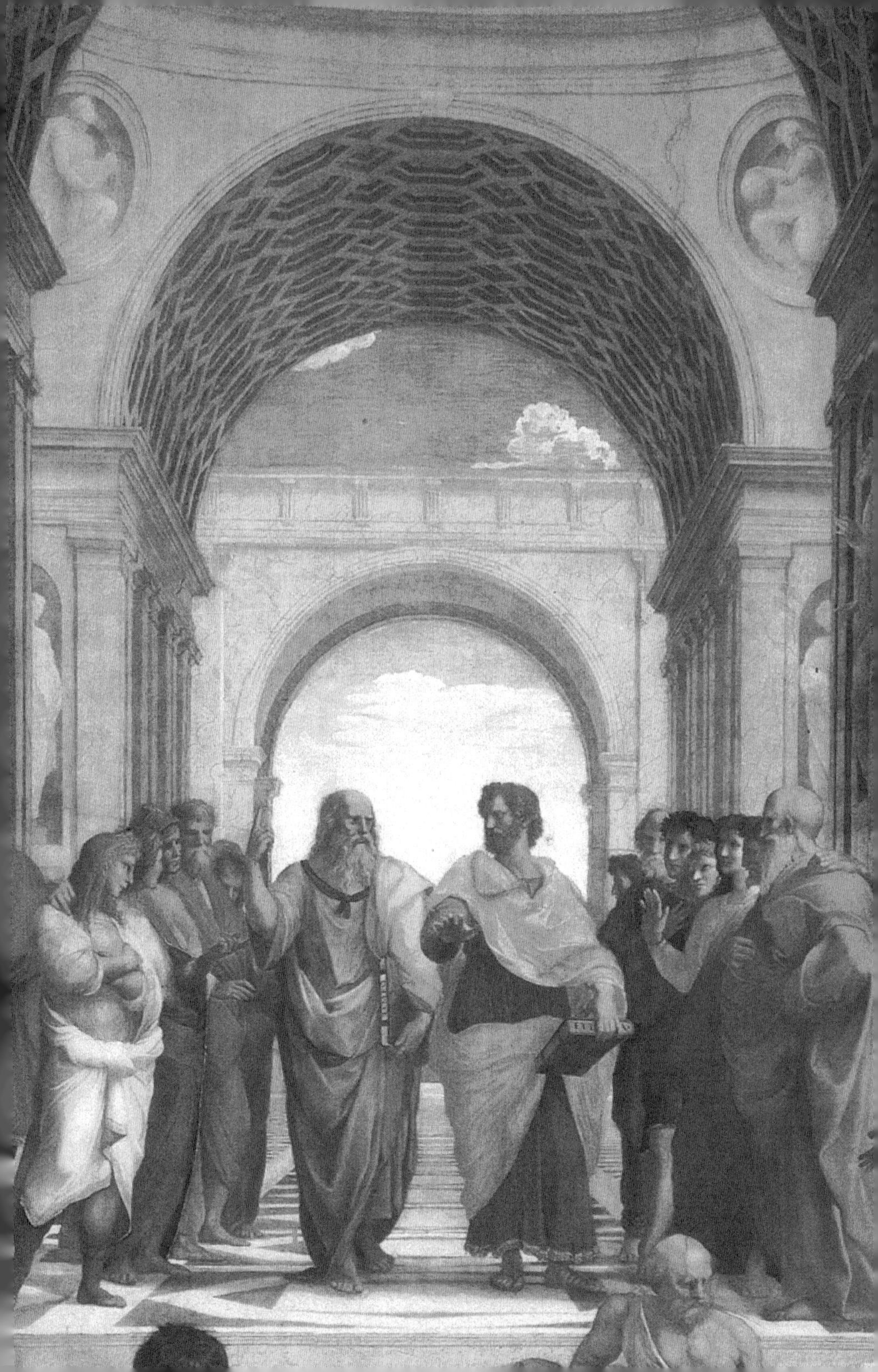

1

A abordagem sobre a ética, dos pré-socráticos até Platão

Embora não tenha sido idealizada uma ética formal entre os pré-socráticos, eles desenvolveram um contexto que culminaria nisso mais tarde, principalmente a partir de Sócrates, Platão e Aristóteles. No entanto, a inexistência de uma ética formal ou sistemática não significa que eles não tenham feito observações importantes sobre a conduta e o comportamento humano em sociedade, sobretudo sobre a moral, como posteriormente ficará notório na tratativa filosófica de Sócrates, Platão e Aristóteles.

1.1
Os pré-socráticos

Sócrates é considerado um divisor de águas na história da Filosofia. Isso se deve a diversos motivos, desde a questão historiográfica, pois, de acordo com Smeha (2011),

> *é a partir de Sócrates e de Platão que se conta com registros mais completos até o emergir de um novo paradigma na filosofia. Antes desse marco, os filósofos que viveram na Grécia antiga e suas colônias são conhecidos como pré-socráticos, vivendo entre VII e V a.C. Pelo menos doze se tornaram populares ou conhecidos o suficiente, e/ou tiveram seu pensamento preservado através de fragmentos ou reprodução de outros pensadores para que seus nomes chegassem até a atualidade. Em ordem alfabética eles são:*
>
> Anaxágoras (Entre 499 a 428 a.C., discípulo de Anaxímenes)
>
> Anaximandro (Entre 610 a 547 a.C., discípulo de Tales de Mileto)
>
> Anaxímenes (Entre 588 a 524 a.C., discípulo de Anaximandro)
>
> Demócrito (Entre 460 a 370 a.C., discípulo de Leucipo)
>
> Empédocles (Entre 490 a 435 a.C.)
>
> Heráclito (Entre 540 a 470 a.C., considerado o mais importante pré-socrático)
>
> Leucipo de Mileto (Séc. V a.C.)
>
> Parmênides (Entre 544 a 450 a.C., discípulo de Xenófanes)
>
> Pitágoras (Séc. VI a.C. Criador da palavra "Filosofia")
>
> Tales de Mileto (Entre 640 a 548 a.C.)
>
> Xenófanes (Séc. V a.C.)
>
> Zenão de Eleia (Séc. V a.C., discípulo de Parmênides)

Os 12 pré-socráticos selecionados para este estudo estão em ordem alfabética com o objetivo de facilitar a busca por seus nomes, caso você venha a realizar alguma pesquisa.

Os textos produzidos por esses filósofos não tratam diretamente de "ética" ou de "moral". Na verdade, textos produzidos diretamente por eles são poucos; o que temos são referências a respeito deles em obras posteriores, como em Aristóteles e em Diógenes Laércio. Portanto, o que fazemos é extrair considerações a partir dos poucos textos que temos sobre suas reflexões.

Anaxágoras

De *Anaxágoras há* muito mais material disponível do que normalmente encontramos dos fragmentos típicos de outros pensadores daquele período. No entanto, esse pensador acreditava que a dimensão ética da vida é inerente a ela, e assim não se dedicou muito ao assunto.

O que podemos concluir é que sua obra reflete a condição de um homem devotado ao rigor do método, ao refinamento das técnicas experimentais e também à fé pela razão fundamentada na observação da natureza.

Provavelmente foi um dos pensadores mais importantes para o desenvolvimento do que viria a ser o moderno método científico. Adotou uma postura cética em relação a áreas críticas do entendimento e do comportamento humano, sem se pronunciar e sem alegar saber algo sobre isso. Em sua lápide, pode-se ler: "Aqui jaz Anaxágoras, cuja imagem da ordem do universo chegou mais perto da verdade."

Anaximandro

De Anaximandro é possível dizer que talvez tenha sido o primeiro pensador a deixar um trabalho por escrito sobre a natureza, com o título de *Peri physeos*, cuja tradução é justamente "Sobre a natureza".

Foi também o primeiro a utilizar o termo *arkhé*, que significa "princípio", estando entre os que dissociaram o princípio de tudo do âmbito apenas físico e material. Segundo Abbagnano (1954), para Anaximandro o princípio da natureza, ao contrário daquilo que era defendido por outras crenças e estudos da época, não era a água, nem o ar, nem nenhum outro elemento particular, era o infinito – o *ápeiron*. Ele é a causa primária de todas as coisas, no qual todas as coisas se diluem quando termina o ciclo determinado para elas. **O *ápeiron* seria, por si mesmo, indestrutível.**

Até então, a *arkhé* era identificada com o ar, ou a água, ou o fogo, entre outros fenômenos. Com a introdução de um conceito não material para o fundamento de onde tudo se originou, Anaximandro lançou uma das pedras fundamentais para a ética que viria mais tarde: **a ideia de que o homem também não deriva apenas da matéria**. Portanto, devemos incluir no estudo das ações humanas algo além do material – **o lógico**.

Para Anaximandro, a *arkhé* estava no *ápeiron*, no "sem limite": numa mistura caótica, indefinida, indistinta que originou todas as coisas. Se houvesse uma ética explícita explorada em Anaximandro, ela seria baseada no infinito, que era não apenas a substância geradora do mundo, mas sua lógica, sua lei, sua norma.

Anaxímenes

Como bom naturalista, Anaxímenes, discípulo de Anaximandro e igualmente despreocupado com a ética, defendia a tese de que o princípio de todas as coisas era o ar. Tratava-se de um ar vivo, ilimitado e imortal, que, embora não fosse um elemento tão abstrato como o *ápeiron*, também não era tão palpável como a água. Ao explicar a evolução do universo pelo ar, ele apresentou dois novos conceitos: dilatação e condensação. Conceitos com os quais explicava o processo pelo qual ocorrem as transformações do ar: vento, nuvem, água, terra e todas as coisas existentes. Ao tentar explicar sua teoria, ele estabelece a comparação entre o macrocosmos e o microcosmos, a qual irá perpassar toda a sua filosofia.

Demócrito

Demócrito legou-nos uma ética considerada conservadora. Com aversão ao bizarro e ao obscuro, Demócrito, materialista, com alta credulidade em seu sistema racional, afirmava: "contenta-te com o mundo tal como é". Acreditava que o homem é infeliz porque desconhece a natureza, porque não percebe a realidade que o cerca.

Demócrito nos deixou muitos fragmentos relacionados à moral, e sua análise revela um pensamento reto, preciso e claro, segundo o qual o homem não é capaz de ser bom de forma natural ou espontânea, porque em vias naturais desconhece a realidade: "é preciso que o homem aprenda segundo a regra seguinte: Ele está afastado da realidade" (Demócrito, citado por Puls, 2006, p. 59).

Segundo ele, na vida natural (e desprovida de pensamento ativo), o homem nada percebe precisamente, apenas o que se move. Isso porque "realmente nada de preciso apreendemos, mas em mudança, segundo a disposição do corpo e das coisas que nele penetram e chocam" (Demócrito, citado por Prado, 1996, p. 295). Demócrito acreditava que as coisas apenas trazem um conhecimento grosseiro ou obscuro e, para ir além disso, seria necessário usar mais do que os sentidos, **uma vez que classificou o conhecimento em obscuro e genuíno:**

Há duas espécies de conhecimento, um genuíno, outro obscuro. Ao CONHECIMENTO OBSCURO *pertencem, no seu conjunto, vista, audição, olfato, paladar e tato.* O CONHECIMENTO GENUÍNO, *porém, está separado daquele. Quando o obscuro não pode ver com maior minúcia, nem ouvir, nem sentir cheiro e sabor, nem perceber pelo tato, mas é preciso procurar mais finamente, então apresenta-se o genuíno, que possui um órgão de conhecimento mais fino.* (Demócrito, citado por Puls, 2006, p. 59, grifo nosso)

A partir do ponto em que o homem começa a buscar ativamente o conhecimento genuíno, ele passa a forjar pensamentos. Os pensamentos são o fundamento do homem correto. E "é preciso forjar muitos pensamentos, não muitos conhecimentos" (Demócrito, citado por Prado, 1996, p. 308).

Sua concepção era de que são os pensamentos que diferenciam o homem dos animais, permitindo que se forme a excelência de caráter. Portanto, eles são a sua boa natureza: "A boa natureza dos animais é a força do corpo; a dos homens, a excelência do caráter." (Demócrito, citado por Prado, 1996, p. 308)

Ao filosofar sobre o **caráter**, Demócrito acrescentou que:
- A excelência de caráter resulta no homem não de palavras, mas de ações boas.
- Obras e ações de virtude, não palavras, é preciso invejar.
- O homem de caráter excelente se liberta das paixões e do medo, substituindo-os por razão e senso de dever através de sua sabedoria.
- "Não por medo, mas por dever, evitai os erros." (Demócrito, citado por Prado, 1996, p. 308)
- "A medicina cura as doenças do corpo, a sabedoria livra a alma das paixões." (Demócrito, 2005, p. 108)

Demócrito foi um filósofo que produziu reflexões que muito contribuíram para o desenvolvimento do período pré-socrático. Contrapôs-se em suas teorias ao espiritualismo de Anaxágoras e por essa razão é considerado o primeiro ateu formal. A sua concepção de mundo pode ser considerada o primeiro ensaio de um materialismo científico.

Entre as características de seu sistema, destacam-se aspectos precursores da modernidade, como:

- uma visão de mundo baseada no atomismo ou no movimento eterno;
- a teoria das qualidades primárias e secundárias da matéria;
- a desagregação do mundo sensível do mundo inteligível;
- princípios precursores da física atômica, do subjetivismo e do fenomenismo.

Demócrito expôs minuciosamente um **atomismo quantitativo**. Os átomos se apresentam na sua filosofia com a condição de serem infinitos, eternos e invisíveis. Ao referir-se à concepção desse filósofo sobre o átomo, o Dicionário Houaiss assim o define: "cada uma das partículas minúsculas, eternas e indivisíveis, que se combinam e desagregam movidas por forças mecânicas da natureza, determinando desta maneira as características de cada objeto." (Houaiss; Villar, 2009)

Empédocles

Empédocles não aceitava a versão antropomórfica da divindade, comum em sua época na figura dos semideuses. Sua ética tinha como fonte a espiritualização total do divino, do uno, sendo, de certa forma, **uma ética superior aos homens mortais**.

Empédocles acreditava, antes de tudo, na *amizade* como fundamento de uma conduta ética. Fiel a esse pensamento, afirmava que "o semelhante busca o semelhante". Essa concepção contrapunha-se ao pensamento de Heráclito, para quem, como veremos mais adiante, o fundamento da amizade reside na "atração de opostos".

Assim como outros naturalistas de sua era, **Empédocles atribuía ao comportamento e à conduta humana explicações físicas, baseadas em elementos naturais**, como a terra, o ar, o fogo e a água. Considerava que tais elementos eram capazes de conferir diferentes temperamentos conforme iam sendo transmutados, na alma, pelo amor e pelo ódio, ao longo da vida humana.

De Empédocles chegaram até a atualidade cerca de 450 fragmentos ou versos organizados em duas obras conhecidas por: *Da natureza* e *Purificação*. De forma surpreendente, parecem ter sido escritos por personalidades diferentes:

- o primeiro, um cientista natural e filósofo;
- o segundo, um profeta visionário.

Para Empédocles, a alma vivia através de diversas reencarnações, de forma condicionada a uma grave ofensa cometida anteriormente. Ao mesmo tempo, manifestava-se como curandeiro e profeta, o que gerou diversas histórias e mitos sobre a sua figura.

> *Eu, porém, caminho entre vós qual Deus imortal, e não mais como mortal, por todos honrado como me convém, coroado de guirlandas floridas. Desde minha entrada nas florescentes cidades, sou honrado por homens e mulheres; seguem-me aos milhares, a fim de saber qual o caminho da riqueza; uns necessitando oráculos; outros, feridos por atrozes dores, pedem uma palavra salvadora para as suas múltiplas doenças.*
> (Empédocles, citado por Bornheim, 2005, p. 79)

A *ética* de Empédocles atribui ao divino o castigo pelas más condutas provindas do desequilíbrio dos elementos, causado pelo ódio da alma, pois acreditava que, "se alguém manchou criminosamente suas mãos com sangue, ou, em consequência do ódio, cometeu perjúrio [...] deve errar três vezes dez mil anos, longe dos bem-aventurados, e nascer no curso do tempo sob todas as formas mortais." (Empédocles, citado por Bornheim, 2005, p. 79)

Esse castigo é a **reencarnação cíclica em formas mortais**. Pode-se dizer que a vida mortal é, para Empédocles, um castigo. Sua cosmologia constituía-se de um "pluralismo eclético" composto pelos quatro elementos da Natureza (água, fogo, terra e ar), cujo movimento é provocado pelo amor e pelo ódio.

Heráclito

De Heráclito chegaram até a atualidade apenas 126 frases escritas em dialeto jônico, conhecidas como *Fragmentos*. Não são sequências lineares de um texto, mas carregam em si uma força avassaladora que inspirou filósofos como Hegel, Nietzsche e Heidegger a interpretá-las em trabalhos de grande densidade.

Não podemos dizer que seja escassa a ética no pensamento de Heráclito, mas é difícil identificá-la, discerni-la e interpretá-la. Essa dificuldade ocorre pela fragmentação dos postulados e pela profundidade do conteúdo de cada um. Alguns dos postulados sugerem rapidamente algum conteúdo pertinente à conduta humana, outros exigem algum esforço hermenêutico do intérprete.

Conhecido como "o obscuro", Heráclito criou e utilizou termos cuja tradução é discutida até hoje. Aliás, alguns pensadores atuais preferem não traduzi-los, deixando-os em grego, como, por exemplo, *logos*, *physis* e *polemos*. De uma forma muito simplista, podemos pensar nesses termos com os significados de:

- *logos* = razão (pensamento, percepção, sabedoria, palavra, pensamento que tudo governa, ligação entre todas as coisas);

- *physis* = natureza (domínio de todos os domínios, fonte e origem de tudo, vigor originário);
- *polemos* = polêmica (discórdia, oposição, guerra, luta).

Mas uma compreensão mais acurada só virá do próprio leitor, com o tempo e com o conhecimento mais profundo desse filósofo, pois essas palavras surgem com diferentes nuances em seu pensamento.

A ética de Heráclito se fundamenta, antes de tudo, na igual capacidade de todo homem em ser sábio, pensar corretamente e conhecer a si mesmo, o que podemos perceber em vários fragmentos, por exemplo:

- "Comum é a todos o pensar"; e
- "A todos os homens é compartilhado o conhecer-se a si mesmo e pensar sensatamente." (Souza, 1996, p. 108)*

No entanto, embora o filósofo acreditasse que eram dados a todo homem o pensamento e a capacidade de conhecer a si mesmo, para alcançar o nível de um sábio, considerava necessário que **o homem amasse a sabedoria**, manifestando isso por meio do questionamento de grande número de coisas, como ele próprio afirmou: "Pois é preciso que sejam inquiridores de muitas coisas os homens amantes da sabedoria." (Souza, 1996, p. 100)

Em seus postulados defendia que, através dos *olhos* e dos *ouvidos*, sendo os primeiros melhores e mais confiáveis, os homens podem observar o mundo e inquirir muitas coisas, rumo à sabedoria. É preciso, porém, que haja uma alma capaz de entender os olhos e os ouvidos: "Más testemunhas para os homens são os olhos e os ouvidos, se almas bárbaras eles têm" (Souza, 1996, p. 10).

---

* As citações a Heráclito foram retiradas do livro Os *pré-socráticos: vida e obra*, da coleção Os Pensadores. O professor José Cavalcante de Souza traduziu os fragmentos, a partir de autores que o citaram, como Estobeu, Clemente de Alexandria, Aristóteles e Sexto Empírico.

No entanto, destacou que o questionamento através dos olhos e dos ouvidos é necessário, mas não é suficiente, pois a sabedoria é distinta de todas as coisas: "De quantos ouvi as lições nenhum chega a esse ponto de conhecer que a (coisa) sábia é separada de todas" (Souza, 1996, p. 107).

Para Heráclito, a sabedoria não é uma questão do quanto se sabe, mas sim de que coisas e de que modo se conhece.

Entre as muitas coisas que os homens deveriam perceber e entender para adquirir sabedoria, Heráclito menciona o **valor da luta**, da polêmica e da contradição, da qual tudo nasce e se origina: "É preciso saber que o combate é [comum] o-que-é-com, e justiça (é) discórdia, e que todas (as coisas) vêm a ser, segundo discórdia e a necessidade" (Souza, 1996, p. 104).

Ele engrandeceu a importância da luta, pois afirmou que "O **combate**, é de todas as coisas pai, de todos rei, e uns ele revelou deuses, outros, homens; de uns fez escravos, de outros livres." (Souza, 1996, p. 102, grifo nosso)

Na sua concepção, a luta e a discórdia são as coisas que formam a dualidade, permitindo que tudo exista e venha a ser; a saúde faz o seu contrário ser chamado de doença; mas "Doença faz de saúde (algo) agradável e bom, fome de saciedade, fadiga de repouso." (Souza, 1996, p. 108)

Sobre esse **postulado dualístico**, estabeleceu várias analogias, como:
- a escuridão existe devido à luz;
- a tristeza, devido à felicidade.

Heráclito não faz *valorações* das coisas, pois para ele todas elas só têm sentido, nexo ou razão de ser quando juntas, não podem ser por si só, são todas necessárias. Contudo, ao não obterem esse entendimento de forma correta, por meio de uma alma que entende as coisas através dos olhos e dos ouvidos, e ao não se tornarem sábios, os homens se diferenciam dos deuses: "Para o deus são belas todas as coisas boas e justas, mas homens umas tomam (como) injustas, outras (como) justas." (Souza, 1996, p. 107)

A *ética* de Heráclito **denuncia os homens por sua criação errônea** do "certo" e do "errado", do "bom" e do "mau", do "desprezível" e do "agradável", e por suas escolhas daquilo que julgam ser certo, bom, agradável, alimentando-se e fartando-se destas como os animais de comida: "Pois uma só coisa escolhem os melhores contra todas as outras, um rumor de glória eterna contra as (coisas) mortais; mas a maioria está empanturrada como animais". (Souza, 1996, p. 99). Há, porém, os sábios, que valem mais que muitos homens: "Um para mim vale mil, se for o melhor." (Souza, 1996, p. 101).

Para ele o *sábio* tem condições de entender a dualidade e a contradição; já o homem comum não apresenta essa condição e, portanto, faz julgamento e toma partido, porque vê apenas uma parte e a valoriza em detrimento da outra, às vezes sem perceber as relações; ao fazê-lo, incorre no mesmo erro daquele que faz qualquer escolha: "Os asnos prefeririam palha ao ouro." (Souza, 1996, p. 97)

Ao fazer a afirmação precedente, Heráclito mostra que o ouro não tem valor para o asno, não é, então, um valor absoluto, verdadeiro. Essas escolhas descuidadas levam o homem comum a estranhos e inconsistentes comportamentos, como aqueles de algumas religiões que "purificam-se manchando-se com outro sangue [...] [e] a estas estátuas eles dirigem suas preces, como alguém que falasse a casas, de nada sabendo o que são deuses e heróis." (Souza, 1996, p. 97)

Se de maneira simplista formos resumir o sistema filosófico de Heráclito, para fins de síntese/didática, podemos dizer que ele se constitui na concepção de que o *logos* (fogo vivo, inteligência divina) corre e flui em todos, sendo o *conflito* o princípio do movimento, a partir do qual todas as coisas são geradas em sua diversidade.

Leucipo de Mileto

Não se sabe se Leucipo de Mileto realmente existiu. Apesar de várias referências feitas por Aristóteles e outros pensadores, muitos historiadores afirmam que ele teria sido apenas um mito.

A única obra de Leucipo que sobreviveu foi *Mégas Diákosmos* (A Grande Ordem do Mundo), que talvez seja da autoria de outro filósofo, provavelmente Demócrito, já que ambos são atomistas. Nessas circunstâncias, não chegou até a atualidade uma ética de Leucipo, mas, em um de seus raros fragmentos, ele afirma: "Nada deriva do acaso, mas tudo de uma razão sob a necessidade." (Leucipo de Mileto, citado por Bornheim, 2005, p. 103)

Nesse trecho, é possível identificarmos a ideia de um **princípio determinista**. Logo, podemos concluir que, se tivéssemos uma ética de Leucipo, provavelmente ela traria esse fundamento para as atitudes dos homens.

Alguns historiadores o apontam como o criador da *teoria atomística*, partilhada por seu discípulo Demócrito. O atomismo, de acordo com Cabral (2013), explica que "nossos sentidos percebem uma realidade transitória, mutável, mas ilusória, porque mesmo que apreendamos as mutações das coisas, no fundo, os elementos primordiais que constituem essa realidade jamais se alteram". Segundo a concepção atomística, no universo só existem átomos e vazios.

Parmênides

Parmênides nos apresentou a **ética do ser e do não ser**. As qualidades humanas, por derivação análoga a tudo o que existe, só podem ser ou não ser, não havendo possibilidade de transformação.

Ser é presença, é estar, e não ser é ausência. Assim:
- O **medo** não é, trata-se apenas da **ausência** da coragem;
- A **maldade** não é, trata-se apenas da **ausência** da bondade;
- A **escuridão** não é, trata-se apenas da **ausência** da luz.

Ser e *não ser* são expressões metafísicas que Parmênides usava para representar o positivo e o negativo. Desse modo, **postulava uma *ética* constituída de duas esferas: a positiva e a negativa.**

A segunda é apenas negação da primeira – ela não contém o que a primeira contém. Essa filosofia nega toda a multiplicidade, pois para o monismo (doutrina de Parmênides) tudo é ser, e este é único, imutável.

Pitágoras

Pitágoras acreditava que a essência que forma todas as coisas é o *número*, o qual se aplica como lei a quatro substâncias – terra, ar, água e fogo – para criar um cosmos regido por relações matemáticas. Sua ética e sua visão cósmica se baseiam na harmonia, englobando práticas ascéticas, e na crença na migração ou reencarnação da alma entre seres humanos e outros animais.

Como para Pitágoras todas as coisas eram números, seria justamente por meio deles que a alma se libertaria, ao compreender e descobrir a estrutura numérica do cosmos. Sua *ética* contém a **justiça aritmética**, pela qual as atitudes devem ser punidas ou recompensadas na mesma medida dos atos praticados.

Se os demais pré-socráticos chegaram a desenvolver esboços de uma ética **qualitativa**, Pitágoras o fez de modo **quantitativo**.

A ética harmônica de Pitágoras prevê que os animais também têm alma e que o homem deve viver em plena harmonia com eles e não praticar violências contra eles, como se faz ao usá-los como alimento, pois assim não conhecerá a saúde nem a paz. Esse pensamento originou a chamada *dieta pitagórica*: "Que horror é engordar um corpo com outro corpo, viver da morte de seres vivos" (Frase atribuída a Pitágoras).

Há vários fragmentos de sabedoria espalhados pelo mundo atribuídos a Pitágoras, mas que podem ter sido escritos por seus discípulos e modificados diversas vezes ao longo do tempo. Nada escrito pelo próprio Pitágoras chegou aos nossos dias, embora seja dito por alguns estudiosos que ele deixou três tratados: *Sobre a educação*, *Sobre a política* e *Sobre a natureza*. O que de fato existem são excertos.

A escola pitagórica é responsável por uma abordagem mais racional, profunda, universal e científica da existência. Trouxe em seu bojo o conceito de **harmonia,** concepção de ordem e lei que irá permear o finito e o infinito. E, embora fosse uma escola voltada para a Física e a Matemática, cultivou uma ética plena de pureza e pensamentos sublimes.

Para resumir, trata-se de uma concepção imbuída de racionalismo moderado e de conceitos metafísicos fundados no número: este como princípio constitutivo de todas as coisas, no qual o número **par** corresponde ao **infinito** e o **ímpar** ao **finito**. Nesse campo, a **harmonia** instaura a união do finito com o infinito – criando o cosmos e toda a existência.

Tales de Mileto

Os textos de Tales de Mileto também não chegaram até o nosso tempo – embora haja a referência de que ele tenha escrito uma obra chamada *Astronomia náutica*, que muitos atribuem a Foco Samio – e, assim, dependemos das citações e interpretações de seus textos feitas por outros filósofos.

Ele também adotava o princípio dos quatro elementos. Tales de Mileto buscou na matéria uma explicação para a origem de todas as coisas e estabeleceu a água como princípio primeiro. Nesse processo, abandonou as explicações religiosas e fez uso da razão e da observação, o que representou uma mudança de posição para o homem da época.

Ele afirmava que a água é um elemento onipresente, e que todas as coisas estavam cheias de deuses e a alma misturada no universo, sendo algo cinético e em constante movimento.

Uma das poucas referências sobre uma suposta ética de Tales é dada por Diógenes Laércio na obra *Vida de los filósofos más ilustres*, que menciona, entre outras citações, a já amplamente divulgada "Conhece-te a ti mesmo", um princípio que aponta para a crença de Tales na razão e na sabedoria. Esse perfil é traçado por meio de uma sequência de questionamentos que teriam sido feitos a ele. Questionado sobre:

- Qual é a coisa mais difícil? Teria afirmado que é conhecer-se a si mesmo.
- Os deuses viam as injustiças entre os homens? Teria respondido que mais do que isso, viam até os pensamentos.
- Seria melhor jurar que não se cometeu adultério? Teria respondido perguntando se o perjúrio não é pior.
- Qual é a coisa mais fácil? Teria dito que é dar conselhos aos outros e que coisa facílima era conseguir o que se quer.

Teria dito ainda que o homem pode viver com mais saúde se não cometer aquilo que condena nos outros e que feliz é o homem são de corpo, abundante em riqueza e dotado de razão. Também teria afirmado que se deve trazer à lembrança os amigos ausentes tanto quanto os presentes e que o importante não é enfeitar o exterior, mas sim adornar a alma com o conhecimento.

Xenófanes

Xenófanes pode ser considerado o pré-socrático que mais se opôs aos deuses olímpicos gregos de sua época. Deuses antropomórficos, tidos como responsáveis por tudo quanto há de ruim entre os homens e, cujas façanhas foram divulgadas, sobretudo, nas poesias de Homero e Hesíodo.

Foi considerado o teólogo entre os pré-socráticos, pois foi o primeiro a ensinar a unidade e imutabilidade de Deus. Defendia a existência de um Deus supremo.

Sua *ética* é, antes de tudo, **crítica**: aponta para homens que têm uma conduta imoral legitimada na mesma conduta imoral dos deuses; os quais, segundo ele, são apenas imitações dos homens.

Essa concepção ele expressa com a seguinte analogia: "Mas se mãos tivessem os bois, os cavalos e os leões e pudessem com as mãos desenhar e criar obras como os homens, os cavalos semelhantes aos cavalos, os bois semelhantes aos bois, desenhariam as formas dos deuses e os corpos fariam tais quais eles próprios têm." (Prado, 1996, p. 79).

Para Xenófanes, era um absurdo que os gregos usassem esses deuses como modelo de educação para seus filhos. Acreditava no respeito pelas leis e nos costumes mais altos da *pólis* e opunha-se ao exagero do vinho, que fazia com que essas leis e costumes fossem subjugados.

Não era apenas o excesso do vinho que Xenófanes criticava; **sua ética se opunha à opulência e ao exibicionismo**. Afirmava que "As **delicadezas inúteis** aprenderam dos lídios [...] vestindo túnicas purpúreas, em geral, em número não inferior a mil, soberbos, orgulhosos de seus cabelos bem tratados, respingando perfume de unguentos artificiais." (Prado, 1996, p. 78)

Foi precursor de um **pensamento crítico ético** que se alastrou por toda a Grécia e perdurou por séculos, vindo a ser sistematizado depois por Platão.

Zenão de Eleia

Zenão de Eleia tem uma filosofia muito semelhante à de Xenófanes e à de Parmênides, especialmente no que diz respeito à ética. Trabalhava com paradoxos para mostrar os absurdos das ideias a que se opunha, sem refutá-las diretamente, método que mais tarde veio a ser conhecido como *dialética*.

Entre as ideias que atacou, estão a multiplicidade, a divisibilidade e o movimento, as quais considerava ilusões. Para Zenão, a *eudaimonia*, ou o fim último da existência humana, é a prática da virtude.

A *ética* da virtude em Zenão se baseia na *apatheia*, ou apatia, mas não como a simples ausência de energia ou indolência, e sim como um estado da alma em que ela não é atingida pela dor, pelo sofrimento ou pelas paixões. **O ser ético é impassível.**

1.2
Sócrates

Sócrates encerra obviamente o período pré-socrático. Trata-se de um divisor de águas em termos de ética, uma vez que esta começa a ser estudada de forma sistemática, e não incidental, como ocorria nos pré-socráticos.

Um dos primeiros **princípios socráticos da ética** é: **para ser bom, basta saber o que é a bondade**. Embora na atualidade isso não faça sentido, pois sabemos que é necessária certa coerção – ou talvez certa conscientização –, no contexto da Grécia antiga isso fazia sentido, era o mínimo esperado, embora nem sempre ocorresse na prática. Tratava-se de outra cultura e também de outras crenças. Na sociedade atual, a realidade é bastante hipócrita, saber algo não implica a sua assimilação ou vivência; o saber pode se dar apenas como memorização de um conceito a que o sujeito não adere.

A *ética* socrática se insere no mundo grego provavelmente porque em algum ponto os gregos (que já conheciam bem o contorno do bem comum e do bem individual) sentiram uma necessidade de teorizar sobre o tema, que até então julgavam estar arraigado o suficiente, dispensando assim maiores estudos.

Desse modo, o trouxeram para um círculo maior, ampliaram o diálogo para um melhor entendimento da ética, das condições e das contradições entre o bem coletivo e o individual. Afinal, esse é um importante papel da filosofia: **a problematização**.

Foi Sócrates quem, nesse contexto, começou a defender a ideia da identidade entre os interesses comuns e os individuais como via de acesso para a felicidade.

Sócrates elaborou uma ética que se expunha por meio de perguntas e não de respostas. Utilizou esse método para que cada um pudesse pensar por si mesmo e perceber os próprios erros, inconsistências e ignorância, em vez de receber respostas prontas que pudessem se cristalizar em verdades estabelecidas e convenções, que eram justamente aquilo a que se opunha naquele momento.

Para Sócrates, **a atitude filosófica era um meio de praticar as virtudes**. Longe de ser apenas um teórico, Sócrates viveu e morreu de acordo com as suas ideias.

Se basta ao homem conhecer a bondade para ser bom, a maldade está intimamente ligada à ignorância. Por isso, cabe ao bom não apenas ser bom, mas ensinar ao ignorante o que é a bondade, para que ele também se torne bom e todos sejam bons vivendo em harmonia na *pólis*. Dessa forma, Sócrates defendia a racionalidade em busca do conhecimento verdadeiro e universal: **ser ético é ter ações racionais.**

Sócrates se opunha aos sofistas, que pregavam a impossibilidade absoluta do saber diante do relativismo imanente de tudo no perpétuo fluxo das coisas e em suas extremas variabilidades.

Para Sócrates, **havia a possibilidade do saber**, bastando que se utilizasse o que chamava de *método indutivo*, um processo dialético. Esse método consistia em comparar indivíduos ou objetos de uma mesma espécie ou tipo e descartar as diferenças individuais e as qualidades mutáveis para assim encontrar os elementos comuns, os quais seriam os conteúdos do saber, o objeto da ciência.

Portanto, concluiu que o **objeto da ciência**, do saber, não é o que muda, o que varia ou o que passa; mas sim o **imutável**, o **permanente**, a **essência** – e esse processo pode ser aplicado para encontrar os **fundamentos éticos universais.**

Esses fundamentos éticos, sendo imutáveis, permanentes, a própria essência da moralidade, são, por conseguinte, totalmente opostos à ética dos sofistas, que, para Sócrates, era construída mediante convenções, acordos ou imposições estabelecidos de forma conveniente para o indivíduo.

Para expor suas ideias por meio desse método, Sócrates dialogava de diferentes modos, com diferentes tratativas, dependendo da identidade de seu interlocutor, que poderia ser um adversário ou um aluno.

Com o *adversário*, Sócrates se posicionava como um suposto e humilde aprendiz e, como alguém interessado em entender melhor seu interlocutor, passava a lançar perguntas e desdobrá-las em outros questionamentos diante das respostas que obtinha, até um ponto em que seu adversário caía em contradição cabal ou simplesmente tinha de admitir não saber – **denominava esse processo** *ironia.*

Quando se tratava de um *discípulo*, um aprendiz, que não raras vezes era um adversário recém-vencido, passava a desdobrar novamente as perguntas de forma a obter, por indução, o conteúdo imutável, a essência do tema, descartando as diferenças individuais e as coisas mutáveis dos seres e dos objetos. No caso do aprendiz, do aluno, do discípulo, Sócrates **denominava o processo *maiêutica*.**

Os estudos de Sócrates merecem especial atenção pelo *ideal ético* que orienta todo o seu trabalho com o objetivo de levar ao conhecimento e à vivência das virtudes. **Acreditava que cabia ao homem conhecer-se.** Penetrar em profundidade na natureza humana era a porta que ele indicava para esclarecer os mistérios do mundo e do ser, ao contrário de seus antecessores, que fundamentavam a filosofia em problemas antológicos e cosmológicos. Desenvolveu seu trabalho, sua investigação, por meio de uma abordagem ética e psicológica. A **metodologia** que aplicava para efetivar esse processo de autoconhecimento era o **diálogo**, a introspecção.

1.3
Platão

Discípulo de Sócrates, Platão deu continuidade a muitos fundamentos de sua filosofia, como a oposição aos sofistas, a ética eudaimônica, o conhecimento e o saber como caminho para a felicidade e o bem comum.

Se Sócrates perguntava **"como eu devo viver?"**, Platão buscava essa resposta aplicando os fundamentos filosóficos da abordagem racional de Sócrates ao conhecimento da realidade inteligível. Nessa condição, o homem passa a viver a verdadeira felicidade no seio da *pólis*, no verdadeiro ideal humano de viver, que é assemelhar-se a deus na medida do possível. Platão, muito mais que Sócrates, **conectou as virtudes com a felicidade.**

Platão estabeleceu uma **distinção** entre a **felicidade** e o **prazer**. Considerava a primeira uma coisa da inteligência e o segundo, dos sentidos. Assim, refutava o prazer sensível como fim último, mas não o descartava totalmente, pois, se obtido de forma harmônica com a felicidade, é honesto.

Com isso, Platão estabeleceu uma hierarquia de valores morais constituída de três níveis:

1. os prazeres do coração, que são os menos importantes;
2. os prazeres buscados pela opinião; e
3. os prazeres da inteligência, que são a própria felicidade.

Platão ainda dividiu as **virtudes** em quatro:

1. a **prudência**, também chamada de *sabedoria*;
2. a **fortaleza**, também chamada de *valentia*;
3. a **temperança**, também chamada de *autodomínio* ou *moderação*; e
4. a **justiça**, que não é nada mais do que o resultado da ação das três primeiras.

Essas virtudes são hábitos que conduzem ao bem, mas que são adquiridas pelo saber. Se os sentidos são instáveis e relativos, a virtude é um hábito, e os hábitos têm de ser constantes. Portanto, **as virtudes devem ser obtidas e mantidas pela inteligência, e não pelos sentidos.**

Destacamos em Platão a sua capacidade de assimilar toda a bagagem pré-socrática e socrática e de ampliar o estudo filosófico de maneira a abarcar a ciência do objeto e do sujeito, com sua *Teoria das ideias*.

Em relação a sua teoria, se quisermos estabelecer algumas conexões básicas, recorrendo à leitura da obra de Klimer e Colomer (1953), podemos dizer que a filosofia de Platão tratou da:

- ciência das ideias em si – *dialética*;
- ciência da participação das ideias – *física* (no mundo sensível), *ética* (no mundo moral) e *estética* (no mundo artístico).

Vale ainda ressaltar que foi característica básica de seu trabalho a busca metódica e permanente do saber humano, sem jamais se contentar com o já descoberto.

Tratava-se de um filósofo que mantinha uma constante desconfiança das informações dos sentidos, enquanto depositava, por outro lado, absoluta confiança no poder da Razão. Além disso, considerava de vital importância a purificação do ser e o amor, de modo a se adquirir a verdade filosófica, pois se fazia necessário o mundo ideal para estabelecer-se a verdadeira ciência, com o objetivo de buscá-lo.

Síntese

Neste capítulo, vimos que os pré-socráticos viveram em um contexto social único, tanto mítico quanto político, e, em suas perturbações filosóficas, romperam com o misticismo, prezando a racionalidade e a observação da natureza. Embora não tenham desenvolvido uma ética formal ou sistemática, não se pode dizer que não estudaram o comportamento e a atitude humana em sociedade. Fundaram diversas escolas, tendências e correntes filosóficas: a jônica, a pitagórica, o atomismo, o naturalismo, entre outras. Abriram caminho para a ética, para a dialética e para a metafísica, que surgiriam de uma forma mais sistematizada no período seguinte.

Constatamos que pouco se sabe sobre os pré-socráticos, e esse pouco não é tão confiável quanto poderíamos desejar. Apesar dos esforços de diversos filósofos e historiadores, ainda há dúvidas quanto a quem são os verdadeiros autores dos fragmentos e se alguns desses homens realmente existiram.

Em Sócrates e Platão, vimos o contorno do que é a ética de uma maneira muito mais formal e sistemática do que nos pré-socráticos. Platão, por ser discípulo de Sócrates, internalizou muito da ética deste, prezando a razão como caminho para a felicidade e o saber o que é a bondade como condição para ser bom.

Indicações culturais

NOVAES, A. (Org.). **Ética**. São Paulo: Companhia das Letras, 2007.

Nesse livro, os autores explanam sua visão da ética a partir da análise dos dilemas e paradoxos vividos no mundo moderno. Eles exploram a profundidade da ciência que, na mesma época, é capaz de extinguir doenças e combater a morte como nunca antes, e por outro lado inventar armas cujo poder destrutivo excede o de todas as épocas; ou ainda o advento dos sistemas mais integrados de comunicação imediata em contraposição aos sistemas de vigilância e censuras sutis. Muitos autores, de várias especialidades, debatem o significado atual de ética, cada qual em seu micromundo.

STONE, I. F. **O julgamento de Sócrates**. São Paulo: Companhia das Letras, 2005.

Nesse livro, o autor questiona o conceito de DEMOCRACIA *por meio do estudo do caso de Sócrates, seu julgamento e condenação à morte por "corrupção da juventude", na Grécia antiga. Uma das principais questões propostas é de que modo a pátria da democracia na Antiguidade pode ter chegado a um julgamento ditatorial, que impôs a pena capital, em suma, ao pensamento ocidental e ao próprio questionamento. Como a defesa da liberdade pode terminar em censura, ou como a política, como vida na cidade, acaba em morte imposta pela sociedade? Essas são outras questões discutidas nessa leitura.*

STRATHERN, P. **Platão em 90 minutos**. Rio de Janeiro: J. Zahar, 1997.

Esse é um texto para introduzir o pensamento do filósofo que encerra o período socrático na Grécia antiga. Explana as principais ideias do discípulo maior de Sócrates e o faz em linguagem simples, para que, nos 90 minutos do título, o leitor se sinta motivado a aprofundar seus conhecimentos na filosofia platônica. Traz excertos de obras como FÉDON *e* REPÚBLICA, *que figuram entre os principais livros do autor.*

Atividades de autoavaliação

1. Na antiga Grécia, não se distinguia *ética* de *moral*, mas, com o tempo, essas palavras foram assumindo diferentes significados. Assinale os mais comuns na atualidade, respectivamente:
   a) Certo e errado.
   b) Costume e hábito.
   c) "Como deve ser" e "como tem sido".
   d) Comportamento e atitude.

2. Os filósofos considerados pré-socráticos viveram:
   a) entre os séculos XII e IX a.C.
   b) entre os séculos VII e V a.C.
   c) entre os séculos V e VII d.C.
   d) entre 1230 e 1470.

3. Assinale os filósofos pré-socráticos:
   a) Anaxímenes.
   b) Nietzsche.
   c) Platão.
   d) Demócrito.
   e) Empédocles.
   f) Aristóteles.
   g) Heráclito.
   h) Parmênides.
   i) Dionísio.
   j) Pitágoras.
   k) Hegel.
   l) Tales de Mileto.

m) Xenófanes.
n) Zaratustra.

4. Os pré-socráticos:
a) escreveram mais sobre ética que seus sucessores.
b) escreveram menos sobre ética que seus sucessores.
c) não escreveram sobre ética.
d) escreveram muito sobre ética.

5. Qual filósofo pré-socrático não escreveu sobre ética por pensar que ela é inerente à vida?
a) Zenão de Eleia.
b) Demócrito.
c) Anaxímenes.
d) Anaxágoras.

6. Anaximandro escreveu *Peri physeos*, ou *Sobre a natureza*. Nessa obra, ele:
a) desassocia o princípio de tudo do plano físico.
b) condena os homens que imitam os deuses.
c) afirma que os números são o princípio de tudo.
d) afirma que o *ápeiron* é a mesma coisa que o *logos*.

7. Muitos pré-socráticos usavam o obscuro, o indireto, o paradoxo em seu trabalho mental. Um deles tinha aversão a ideias dessa natureza, preferindo as claras e precisas. Este foi:
a) Parmênides.
b) Heráclito.
c) Demócrito.
d) Empédocles.

8. Os principais pré-socráticos que se opuseram ao antropomorfismo dos deuses foram:
   a) Demócrito e Tales de Mileto.
   b) Empédocles e Xenófanes.
   c) Leucipo e Heráclito.
   d) Anaximandro e Anaxágoras.

9. Demócrito pensava que o homem não é capaz de ser bom de forma natural, espontânea, vivendo de qualquer maneira; é preciso trabalho racional na busca da sabedoria rumo à bondade. O motivo é que:
   a) O homem não conhece a realidade.
   b) A natureza força o homem à maldade.
   c) A bondade só pode vir dos deuses.
   d) O homem bebe muito vinho e exibe seu ego.

10. Quais dessas correntes, escolas e tendências se iniciaram ou floresceram no período pré-socrático?
    a) Iluminismo.
    b) Escolástica.
    c) Jônica.
    d) Existencialismo.
    e) Atomismo.
    f) Pitagórica.
    g) Pragmatismo.

11. A *eudaimonia*, o fim último da existência humana, é obtida por meio da prática da virtude. Assim pensava:
    a) Pitágoras.
    b) Zenão de Eleia.

c) Demócrito.

d) Empédocles.

12. Uma ética simples, baseada em conhecer-se a si mesmo, respeitar os outros e viver em harmonia com o mundo foi a marca de:
    a) Parmênides.
    b) Anaximandro.
    c) Tales de Mileto.
    d) Zenão de Eleia.

13. Pitágoras pensava que:
    a) ser e não ser é a mesma coisa.
    b) o princípio universal, a lei cósmica, são os números.
    c) os deuses devem ser antropomórficos, mas éticos.
    d) um dos melhores vale mais que mil.

14. Heráclito disse que:
    a) qualquer escolha de uma só parte é um erro.
    b) se deve escolher a parte melhor.
    c) uma parte não precisa da outra.
    d) não existem partes.

15. Para Empédocles:
    a) os homens devem ser céticos quanto aos deuses.
    b) o *arkhé* está no *ápeiron*.
    c) é o pensamento que diferencia o homem do animal.
    d) a ética vem dos deuses, assim como o prêmio e o castigo.

16. Segundo Xenófanes, a fonte dos mitos e das atitudes más era:
    a) os que sabiam muitas coisas, mas não eram sábios.
    b) os deuses retratados por Homero e Hesíodo.

c) a água, o ar, o fogo e a terra.
   d) a ausência de virtude, o "não ser" da virtude.

17. O princípio simples de Sócrates é que, para ser bom, o homem precisa:
    a) esforçar-se muito.
    b) apenas conhecer a bondade.
    c) combater o mal.
    d) orientar-se pelo elemento água.

18. Diante de um adversário, Sócrates utilizava um método de perguntas que se desdobravam em outras diante de cada resposta, o que resultava em:
    a) sentimento de pena por parte do adversário.
    b) contradição e constatação da ignorância pelo próprio adversário.
    c) confusão de ideias e desistência do adversário.
    d) cansaço e conversão por comodidade.

19. Para encontrar o fundamental, a essência, a verdade maior em indivíduos e objetos de uma mesma espécie ou categoria, Sócrates usava o método da indução, que consistia em descartar:
    a) os indivíduos e objetos menos importantes.
    b) os nomes dos indivíduos e dos objetos.
    c) as diferenças individuais e as coisas mutáveis.
    d) os excessos de indivíduos e objetos.

20. Uma inovação introduzida por Platão no pensamento socrático foi:
    a) o elemento terra.
    b) os deuses como fundamento do ser.

c) a divisão das virtudes em quatro.
d) o conceito de *eudaimonia*.

21. Para Platão:
a) prazer e felicidade eram coisas distintas.
b) prazer e felicidade eram coisas erradas.
c) prazer e felicidade eram a mesma coisa.
d) prazer e felicidade não existiam realmente.

Atividades de aprendizagem

Questões para reflexão

1. Se a ética for vista como "como deve ser" e a moral como "como tem sido", o que implica uma diferença entre os dois conceitos, há, portanto, a possibilidade de atos éticos imorais e atos morais contra a ética. No mundo atual, essa parece ser uma perturbação no dia a dia das pessoas, especialmente considerando-se as diferentes dimensões do sujeito como filho, marido, soldado, religioso, profissional, político etc. Por que ética e moral não são nem podem ser a mesma coisa, ou não podem, pelo menos, ser harmonizadas?

2. Alguns filósofos pré-socráticos são tidos por diversos autores como "mitos", como pessoas que não existiram efetivamente. No entanto, aqueles que afirmam que esses homens existiram em carne e osso apresentam como evidências obras e fragmentos escritos que somente poderiam ter sido produzidos pela mente humana. Quais seriam as implicações da existência ou não desses filósofos com os nomes que lhes foram dados? Quais seriam as implicações de os fragmentos e obras terem sido produzidos por outra pessoa ou mesmo por uma coletividade? De qualquer maneira, isso não

representa, com segurança, o pensamento de uma época e de um contexto? O que dizem os filósofos mais atuais sobre isso?

Atividades aplicadas: prática

O Mito da Caverna de Platão e a trilogia *Matrix*

Nos filmes que compõem a trilogia *Matrix*, há uma busca pela verdade por meio da libertação da ilusão imposta pelas máquinas. Os homens buscam libertar-se de um mundo aparentemente real, porém ilusório; mas essa libertação encontra dificuldades, obstáculos e resistências, resultando em diversas batalhas. É a existência do mundo das aparências em contraposição com o mundo da verdade.

Questão a ser estudada:
Existe alguma relação entre esses filmes o Mito da Caverna de Platão?

Proposta:

Embora seja bastante útil assistir à trilogia *Matrix* para entender o todo da proposta do cineasta, você deve assistir necessariamente ao primeiro filme para estabelecer a comparação com o Mito da Caverna de Platão. Após ler o texto de Platão e assistir ao filme, produza um texto de, no mínimo, quatro laudas, comparando o contexto do(s) roteiro(s) com o contexto do Mito da Caverna. No texto, você deve:
- identificar as ideias fundamentais das duas obras;
- comparar essas ideias, distinguindo as análogas das antagônicas;
- identificar situações do cotidiano que se assemelham ao conteúdo dos filmes;
- apresentar, ao final do texto, a sua opinião pessoal sobre os aspectos filosóficos do filme.

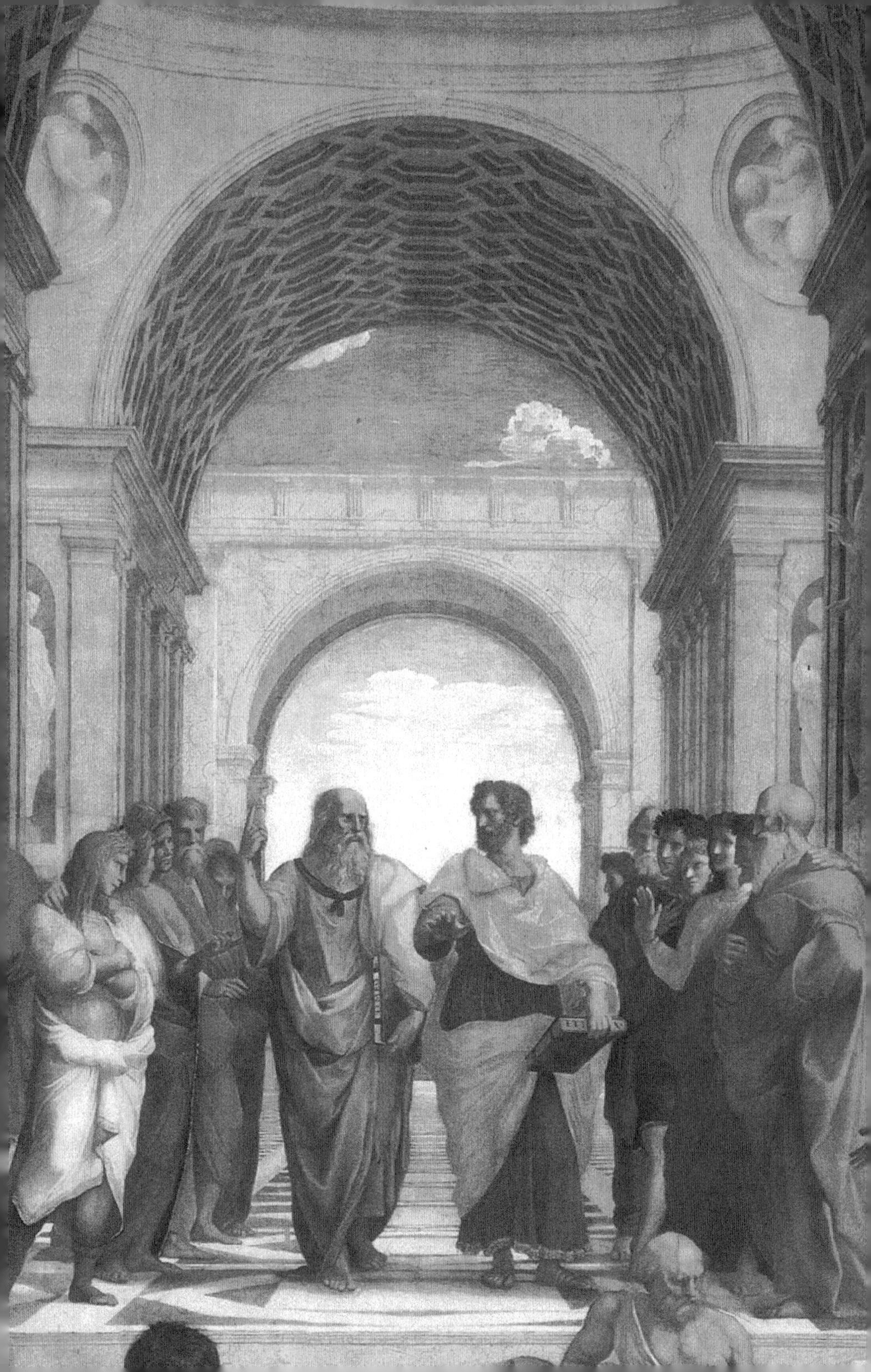

2

Aristóteles

Aristóteles é um dos pensadores mais lidos, revistos, reinterpretados e citados da Filosofia ocidental. Se com os pré-socráticos, assim como com Sócrates e Platão, as maiores dificuldades de análise se dão em virtude da escassez do material catalogado, como também de seu aspecto fragmentário, quando se trata de Aristóteles podemos dizer que o problema é justamente a abundância de intérpretes, de obras e tratados de grande porte, muitas vezes antagônicos. Interpretar Aristóteles, ou ler quem o interpretou, implica, antes de tudo, na compreensão de alguns fenômenos inerentes à leitura de textos escritos em épocas, realidades e contextos diferentes.

2.1
Lendo e interpretando Aristóteles e seus intérpretes*

Se considerarmos a Filosofia a partir de uma visão analítica e de sua evolução no tempo, podemos perceber que seu desenvolvimento não ocorre de forma ininterrupta, mas sim intermitente. Embora essa visão seja fruto essencial da perspectiva pessoal de um indivíduo, surgindo quando ele questiona o que é consensual e aponta as incoerências que percebe, esse novo entendimento gera, por assim dizer, um novo corpo de ideias que valerão por um período (ou ciclo), até que o processo de questionamento se reinicie.

Com base nessa premissa, observa-se na história a existência de ciclos de criação ou renovação filosófica, permeados por períodos de interpretação, estudo, releitura e comentários sobre as inovações.

A importância inicial de Aristóteles está justamente no fato de ele pertencer a um desses ciclos de criação, um ciclo único, com início, meio e fim, e cuja interpretação, estudo e discussão se mostram vivos até os dias de hoje, mesmo tendo havido outros ciclos criadores posteriormente.

Há, portanto, aqueles que, ao longo dos séculos, se dedicaram ao estudo, à releitura, à interpretação ou à discussão do pensamento filosófico dos que viveram em algum dos ciclos de grande criação. Trata-se de um trabalho árduo e sistemático realizado por pensadores que têm agido como intérpretes, analistas, discípulos, críticos, desbravadores, inovadores ou conservadores dos conceitos nascidos nas explosões filosóficas cíclicas, e é graças a esses estudiosos que a Filosofia atinge a compreensão do mais simples e provoca a opinião divergente ou inovadora do erudito para fomentar novas discussões e conclusões.

---

* Trechos elaborados com base em Polesi (2006, 2008).

No entanto, não é qualquer tipo de trabalho de interpretação, releitura e discussão que provê esses benefícios. Embora existam diferentes maneiras de expor a obra e o pensamento de um filósofo, quando se trata de Aristóteles há uma forte tendência em seguir um modelo composto por uma introdução biográfica, uma introdução filológica com a composição bibliográfica e, em seguida, uma exposição de sua filosofia em uma ordem estabelecida há mais de dois mil anos: obras e doutrinas lógicas, obras de física, tratado de metafísica, ética e política e poética e retórica.

Essa configuração constituída de um clichê milenar é observada em muitos autores antigos e modernos, desde que foi estabelecida por Andrônico de Rodes, e vem sendo utilizada não apenas para reedições, mas também para reinterpretações e exposições do pensamento aristotélico. Esse fenômeno de reprodução contínua de um mesmo método ao longo dos séculos tem potencial para arraigar erros e confusões de interpretação, consagrando alguns como se fossem verdades.

Além do risco potencial de perpetuar erros ao longo dos séculos pela utilização de um modelo rígido e repetitivo de estudo e exposição do pensamento de Aristóteles, um outro problema de considerável porte se impõe. Trata-se das diferenças de contexto, de realidade social, política e econômica que separam cronologicamente os intérpretes subsequentes de um filósofo que os precedeu. Nesse sentido, percebe-se a dificuldade encontrada – e muitas vezes nem percebida claramente – por aqueles que assumem a tarefa de interpretar os antigos, uma vez que, ao estudarem os problemas e as questões propostas por um autor distante no passado, podem não conhecer de forma adequada o universo que cercava aquele filósofo, o contexto que, se conhecido, explicaria e justificaria as razões de seu pensamento, de seus questionamentos, de sua linguagem e, por consequência, de suas conclusões. O pilar dessa afirmação é o **conjunto**

de diferenças entre a realidade de um filósofo antigo e a de um intérprete posterior ou moderno, como assevera Hans-George Gadamer.*

Por outro lado, não existem apenas diferenças. Muitas coisas são comuns à realidade do filósofo antigo e à de seus sucessores cronológicos. Uma grande parte de leigos e eruditos compartilha um **conceito errôneo** nascido do senso comum, **a ideia historicista de que existe um progresso linear**, como se a Filosofia antiga estivesse encerrada em seu tempo e nada tivesse a ver com outras eras ou com a atualidade, como se Aristóteles falasse apenas para os gregos, ou para os homens daquela época. Se, por um lado, essa perspectiva é benéfica no sentido de facilitar a compreensão de um filósofo antigo em razão de seus motivos, dos fatores que o levaram a formular um conjunto de ideias, ao mesmo tempo ela é negativa, se passa a referir os textos estritamente às preocupações imediatas às quais supostamente se relacionaram.

A interpretação e o estudo sistemático do pensamento aristotélico têm sido importantes em diversas eras da história da humanidade, como podemos perceber nas várias obras escritas por vários estudiosos ao longo do tempo, as quais resultaram em diferentes versões e modelos de interpretação de Aristóteles.

Não parece possível, entretanto, que alguns desses estudos e análises sobre Aristóteles e sua obra – bem como o pensamento destacado e enfatizado, em cada interpretação – possam conter a totalidade do filósofo original ou mesmo oferecer uma completude de verdades sobre a sua filosofia ou mesmo sobre a sua pessoa.

---

* "Ao formular sua teoria hermenêutica, o filósofo Hans-George Gadamer (1900-2002), que adotou como bases iniciais princípios e conceitos de diversos autores, tendo como principais Heidegger, Habermas e Dilthey, construiu uma teoria sólida – representada em sua obra-prima *Verdade e Método*." (Polesi, 2008, p. 13)

O fato é que as interpretações foram desenvolvidas com o objetivo de clamar, justificar, questionar, responder ou atender necessidades vinculadas à realidade e ao contexto histórico de seus intérpretes. Gadamer, já citado, é um exemplo clássico, com seu **problema hermenêutico** do qual derivou uma lacuna que precisava ser explicada, em que ele encaixou perfeitamente o **conceito de prudência** de Aristóteles.

Assim, o que ocorre é que **cada intérprete seleciona partes da obra aristotélica** que lhe são úteis, interessantes ou convenientes, e produz uma nova perspectiva, o que não é difícil diante da abrangência do trabalho de Aristóteles.

Contudo, como objeto resultante desse processo fragmentário de interpretações, podemos obter boas verdades parciais, interpretações úteis e valorosas para os problemas e as preocupações comuns em épocas diferentes da original.

Isso remete a uma fórmula contra o erro da perspectiva historicista: a busca do sentido dos conceitos aristotélicos para a realidade e o contexto atual. Essa perspectiva consiste em entender Aristóteles não somente como um fenômeno que aconteceu há 2.400 anos, mas também a partir de um grupo de fenômenos que aconteceram durante 2.400 anos depois de Aristóteles, e que culminam na atualidade.

2.2
Ética em Aristóteles*

Aristóteles distingue os bens humanos em dois tipos: os relativos ao corpo e os relativos à alma.

Após dividi-los dessa forma, esclarece que os **bens relativos à alma** estão no "**mais apropriado e verdadeiro sentido do termo**". Eles são

---

* Trechos elaborados com base em Polesi (2006, 2008).

usados cotidianamente para descrever as ações e as atividades psíquicas do homem, de uma forma secular e aceita por muitos filósofos.

A *felicidade*, para Aristóteles, é apontada por muitos e diferentes estudiosos como inerente:

- à virtude;
- à sabedoria prática;
- à sabedoria filosófica;
- a bens materiais ou "prosperidade exterior";
- ao prazer; ou ainda
- a todas essas coisas juntas.

Mas, mesmo que estejam todos enganados, a **felicidade**, para Aristóteles, é inerente às virtudes – **aos bens relativos à alma**. Segundo ele, "há uma diferença – e não pequena – em concebermos o sumo bem como posse ou exercício, ou, de outro lado, como estado de ânimo ou atividade, pois pode existir o estado de ânimo sem produzir qualquer bom resultado." (Aristóteles, citado por Polesi, 2006, p. 64)

Essa distinção entre o *bem* como posse ou exercício e o *bem* como estado de ânimo, considerados como duas diferentes formas de racionalidade, é novamente retratada quando Aristóteles se refere ao perfil do homem prudente, mencionando Anaxágoras e Tales de Mileto, entre outros, como exemplos de homens que se diziam sábios mas não eram prudentes, pois ainda que possuidores de grande sabedoria ou ânimo, eram desprovidos do reconhecimento e da ação ou exercício em prol do que lhes era bom e proveitoso, os bens humanos.

O homem *prudente*, na concepção aristotélica, é aquele capaz de compreender e agir em prol do bem humano, tanto o próprio como o dos outros. Aquele que por meio de sua virtude prática consegue trazer efetivamente a felicidade para todos.

Já o homem *sábio*, possuidor de outro tipo de racionalidade (diferente da prudência), além de não ser capaz, na maioria das vezes, de estabelecer a felicidade por meio de sua compreensão e ação diante de uma situação concreta, pode, ao contrário, envolver-se em situações difíceis para as quais sua sabedoria teórica é inútil. Aristóteles distingue, assim, dois tipos de racionalidade, o que Platão não fez.

Sobre essa dicotomia (o bem como exercício e prática *versus* o bem como estado de ânimo), Pelegrin (2003, p. 407) tece raciocínios esclarecedores:

> O PRUDENTE *difere então do* TEÓRICO *em dois pontos essenciais. Antes de tudo, seu objetivo não é o simples fato de conhecer qualquer prazer que esse conhecimento pudesse buscar, mas os bens humanos, cujo conjunto harmoniosamente equilibrado se chama felicidade. [...] Em seguida o prudente deve levar em conta dados que o teórico se vangloria precisamente de ter eliminado.* [grifo nosso]

Para Aristóteles, a vida permeada por atitudes virtuosas é aprazível por si mesma, pois assim como o cavalo dá prazer ao amante de cavalos e o espetáculo ao amante de espetáculos, os atos virtuosos dão prazer aos que amam a virtude. Mas é necessário que haja ação, e não apenas a disposição, a intenção ou o ânimo.

Essa ideia é representada por uma analogia com os jogos olímpicos, em que não são meramente os mais fortes, ágeis ou belos que vencem, mas sim aqueles que se decidem a competir – aqueles que entram nos jogos e participam das competições efetivamente. É somente dentre esses que surgirão os vencedores, estando excluídos aqueles que, apesar de fortes, ágeis ou belos, não se inscreveram na competição.

Uma vez **instituída a necessidade das virtudes para a felicidade**, Aristóteles busca contemplar essas virtudes em si mesmas:

- o que são;
- onde ocorrem; e
- como surgem.

Elas são vistas como bens da alma, é nela que as virtudes nascem, existem e se manifestam, e portanto o estudo anímico é relevante.

Com essa compreensão, Aristóteles divide inicialmente a alma em duas partes:

1. **uma racional**, que concebe princípios de razão; e
2. outra privada de razão – **irracional**.

A **parte irracional** ainda se subdivide em outras duas: a vegetativa e a apetitiva.

1. A parte **irracional vegetativa** é comum a todo ser vivo, sendo responsável pela alimentação e pelo crescimento, entre outros aspectos.
2. A parte **irracional apetitiva**, ou aquela que deseja, embora irracional por si mesma, relaciona-se com a parte racional: ora por sofrer influência de censuras ou prêmios que a modelam ao longo do tempo, ora por sugerir seus desejos. Ela também pode ser vista como um elemento intermediário da alma: ora sofre influência da razão, ora sugere desejos para a razão; portanto, as duas estão sempre se relacionando.

Essa **configuração da alma revela** em Aristóteles dois tipos de virtude: as morais e as intelectuais. Aristóteles (1992, p. 32-33) assim esclarece:

> Uma das subdivisões da parte irracional da alma parece comum a todos os seres vivos e é de natureza vegetativa; refiro-me à parte responsável pela nutrição e pelo crescimento. [...] Parece haver também um outro elemento irracional da alma, mas este em certo sentido partícipa da razão. [...] Ele obedece à razão, e presumivelmente ele é ainda mais obediente nas pessoas moderadas e valorosas, pois nestas ele fala, em todos os casos, em uníssono com a razão. [...] O elemento apetitivo e em geral o elemento

concupiscente participam da mesma em certo sentido [...]. O fato de advertirmos alguém, e de reprovarmos e exortarmos de um modo geral, indica que a razão pode de certo modo persuadir o elemento irracional.

Para Aristóteles, a **parte racional da alma**, na qual estão as virtudes dianoéticas, divide-se também em **duas faculdade racionais**: a científica ou contemplativa e a calculativa.

A primeira – a **científica ou contemplativa** – permite contemplar as coisas invariáveis, aquelas que não podem ser de outro modo, e nesta parte opera a virtude denominada *sophia*, ou sabedoria.

Na segunda parte – a **calculativa** – opera o contingente, aquilo que pode ser de outra maneira. Esta virtude é a *phronesis,* que pode ser traduzida como prudência, sabedoria prática ou discernimento.

A *sophia* é uma combinação do conhecimento científico com a inteligência, como o conhecimento que tem o médico ou o artesão, que já sabem exata e metodologicamente o que devem fazer em uma dada situação. Afinal, "todos nós supomos que aquilo que conhecemos cientificamente não é capaz de ser de outra forma." (Aristóteles, citado por Polesi, 2006, p. 67).

A *phronesis*, por sua vez, é uma capacidade de deliberar sem métodos específicos, sem fórmulas específicas, mas corretamente, pelo bem viver do homem, em situações não previstas. É, porém, mais que uma simples capacidade racional, como explica o próprio Aristóteles (citado por Polesi, 2006, p. 67)

> A SABEDORIA PRÁTICA *no entanto é mais que uma simples disposição racional, pois é possível deixar de usar uma faculdade racional mas não a sabedoria prática. [...] A sabedoria prática relaciona-se com as coisas humanas e coisas que podem ser objeto de deliberação. [...] Deliberar é acima de tudo a função do homem dotado de sabedoria prática, aliás, deliberar bem.* [grifo nosso]

Esse **conceito de prudência** é desenvolvido por Aristóteles desde sua juventude em obras como o *Protréptico*, estendendo-se a obras posteriores, como a *Física* e a *Metafísica*; mas é na *Ética a Nicômaco* que serão claramente delineadas as diferenças entre a *sophia* (sabedoria) e a *phronesis* (sabedoria prática ou prudência).

Por não produzir nada, **a prudência não é arte**; por não visar a objetos imutáveis ou eternos, **não é mero saber teórico**. Aristóteles considera prudente o homem que possui o *senso communis*, sabe o que tem de fazer em situações particulares e muda o plano de ação caso as situações se alterem.

A *ética* de Aristóteles, em sua própria opinião, não deveria ser apenas algo teórico (uma tendência dos gregos em geral). Deveria estimular atitudes para chegar a resultados, como o de tornar-se efetivamente bom. Como ensinava Aristóteles (1973, p. 68), "a presente investigação não visa conhecimento teórico como as outras (porque não estamos investigando apenas para saber o que é virtude, mas para nos tornarmos bons, pois do contrário esse estudo seria inútil)".

A *eudaimonia*, que, para alguns pré-socráticos, era um **estado de espírito**, uma bem-aventurança que se atinge, deixa de ser em Aristóteles um estado, transformando-se em uma **atividade da inteligência humana**, exercida por meio das virtudes.

Esse conceito é importante porque descarta o aspecto estático ou de preservação anterior de um "estado" de *eudaimonia* obtido e alcançado, e confere-lhe uma natureza dinâmica, de algo que acontece apenas enquanto se trabalha para isso. Se o antigo estado de *eudaimonia* era como conseguir entrar em um barco e estar a salvo de se afogar, a *eudaimonia* de Aristóteles seria como manter-se nadando.

A atividade do homem para manter-se em *eudaimonia* requer que ele conheça e organize as possibilidades de sua própria natureza, sem cometer exageros em desconsiderá-las ou deixá-las atuar como ditadoras de seu comportamento e, ao mesmo tempo, que requer ele considere as circunstâncias que o rodeiam, para, somente assim, deliberar e agir. Este é o caminho que leva à boa vida.

Como a natureza humana é complexa e frequentemente tende ao oposto da *eudaimonia*, da mesma forma que as circunstâncias, o homem deve submeter-se a regras e critérios racionais para obter *equilíbrio* em pelo menos doze instâncias. Esse equilíbrio se dá por meio das **doze virtudes morais**, as quais devem ser desenvolvidas no homem:

1. a **coragem**, que se constitui de um equilíbrio entre a sensação de medo e de confiança;
2. a **temperança**, que é o equilíbrio entre prazeres e dores;
3. a **liberalidade,** que é um equilíbrio entre o dar e o receber ou reter dinheiro;
4. a **magnificência**, que é o equilíbrio do dinheiro dado em grandes quantidades, pois seu excesso é vulgar e de mau gosto e sua deficiência é a mesquinhez;
5. o **justo orgulho**, que é o equilíbrio entre a honra e a desonra;
6. o **anônimo**, é o equilíbrio entre a ambição e a desambição;
7. a **calma**, que é o equilíbrio entre a cólera e a pacatez;
8. a **veracidade**, que é o equilíbrio entre o exagero e a falsa modéstia;
9. a **espirituosidade**, que é o equilíbrio entre a aprazabilidade e a rusticidade;
10. a **amabilidade**, que é o equilíbrio entre ser obsequioso e ser mal-humorado;
11. a **modéstia**, que é o equilíbrio entre o acanhado e o despudorado; e
12. a **justa indignação**, que é o equilíbrio entre a inveja e o despeito.

Portanto, **os atos morais,** para Aristóteles (2007, p. 88), são aqueles que, depois da deliberação, com o auxílio da prudência, são realizados de forma voluntária, por meio das virtudes morais. A esses atos deve-se dedicar louvor ou censura, sendo que o ato "**voluntário** parece ser aquilo cujo princípio motor está no próprio agente, quando este tenha conhecimento das circunstâncias particulares em que está agindo." (grifo nosso)

Existem também os **atos involuntários**, os quais são mais dignos de piedade do que de castigo.

O que faz um ato ser voluntário não é o fato de ser praticado de livre e espontânea vontade ou sob pressão e coerção, mas o simples fato de ser deliberado, decidido, avaliado, conhecido.

Assim, se um tirano mantém em cativeiro os parentes de um homem, e lhe pede que cometa um ato vil sob a ameaça de matar aqueles que estão em seu poder, este homem, ao praticar o ato, o estará fazendo de forma voluntária.

Na filosofia aristotélica, **o contrário das virtudes são os vícios**, os quais são capazes de fazer o homem perder o controle de sua própria natureza e ignorar a verdade de acordo com as circunstâncias, agindo de modos que não lhe trarão a *eudaimonia*.

Ser justo, na concepção de Aristóteles, é algo que não pode ser diretamente ensinado ou aprendido, pois os atos justos são consequência das virtudes necessárias. Estas, sim, devem ser o objetivo primário de quem pretende ser justo, e assim a justiça virá automaticamente, pois um homem que pratica atos justos já possui virtudes.

Síntese

Neste capítulo, vimos que o estudo de Aristóteles não é complexo por escassez, mas pela abundância de ideias e de interpretações de sua obra que existem na atualidade. Constatamos que os autores dão a Aristóteles perfis diferentes, resultando em diversos "Aristóteles". Discutimos o problema de compreendermos pensamentos engendrados em realidades e contextos distantes entre si. Analisamos Aristóteles diretamente e destacamos que sua ética difere em diversos pontos da ética de seus predecessores, embora existam alguns pontos em comum. Aristóteles sistematizou seu estudo da atitude e do comportamento humano, e o fez com grande maestria. Apresentou conceitos e distinções até então inexistentes, como o estudo da alma e da inteligência, a classificação das virtudes, o caráter dinâmico da *eudaimonia* e a ideia de que o homem não aprende a ser bom, mas sim a ser virtuoso, o que resulta na bondade.

Indicações culturais

BARNES, J. **Aristóteles**. São Paulo: Loyola, 2001.

O autor Jonathan Barnes traz um panorama geral sobre a obra de Aristóteles, nos mais diversos campos da Filosofia. Dessa maneira, ele também explora a ÉTICA *do autor, em todas as suas obras, mas particularmente no livro escrito como herança a seu filho, o* ÉTICA A NICÔMACO. *Paralelamente a isso, como obra introdutória sobre o pensamento aristotélico, o autor traz as contribuições do filósofo para a lógica, a metafísica, a política e a estética.*

JAEGER, W. **Paideia**: a formação do homem grego. São Paulo: M. Fontes, 2001.

A educação como a concebemos hoje, em escolas estabelecidas com o objetivo de formar cidadãos, tem um importante precursor na Grécia Antiga, no ideal de formar cidadãos capazes de exercer a vida em sociedade, a política. Essa educação vinha dos preceitos principalmente éticos ensinados em escolas para meninos a partir dos seis anos. É desse mundo em que nasce a educação formal que vem o conceito de paideia, como o ideal de formação de um cidadão. O autor, Werner Jaeger, define-a como "a essência de toda a verdadeira educação ou Paideia é a que dá ao homem o desejo e a ânsia de se tornar um cidadão perfeito e o ensina a mandar e a obedecer, tendo a justiça como fundamento." (Jaeger, p. 147). Foi a partir da concepção da paideia que a Grécia passou a formar seus cidadãos com base em ética e política, e não apenas na beleza ou força física.

STINI, F. **Compreender Aristóteles**. Petrópolis: Vozes, 2006.

Parte da coleção Compreender, que trata dos principais filósofos ocidentais, o livro trata dos principais conceitos desenvolvidos pelo filósofo grego, inclusive as concepções sobre as virtudes e seu papel na vida política. É um livro introdutório que pode servir de início a um passeio maior pela obra aristotélica, e que também retrata o contexto, ou seja, as condições em que se produziu a filosofia na Grécia antiga.

Atividades de autoavaliação

1. A *eudaimonia* foi considerada por muito tempo como um estado de espírito, uma condição que se atingia. Aristóteles alterou radicalmente esse conceito para:

a) uma condição inatingível.
b) uma condição dinâmica a ser mantida ativamente.
c) uma condição comum a todos o tempo todo.
d) uma condição dada pelos deuses.

2. Aponte a opção que não é uma virtude descrita por Aristóteles:
a) Prudência.
b) Legalidade.
c) Espirituosidade.
d) Liberalidade.

3. Para manter-se em *eudaimonia*, segundo Aristóteles, o homem deveria:
a) aprender a ser justo.
b) equilibrar as circunstâncias e ignorar a sua própria natureza.
c) equilibrar a sua natureza e considerar as circunstâncias.
d) considerar a justiça e ignorar as circunstâncias.

4. Segundo Aristóteles, os atos humanos podiam ser divididos em:
a) pensados e impensados.
b) voluntários e involuntários.
c) ativos e passivos.
d) de efeito e sem efeito.

5. Aristóteles acreditava que a sua ética deveria:
a) inspirar os poetas imorais.
b) levar as pessoas a serem boas na prática.
c) mudar as leis da Grécia.
d) evitar as guerras entre os povos.

Atividades de aprendizagem

Questões para reflexão

1. As doze virtudes morais são baseadas no equilíbrio de extremos, evitando-se, assim, que se cometam erros por excessos ou por deficiências nos pensamentos e nas atitudes. Esse preceito de Aristóteles se mostra muito pertinente e aplicável, tanto em sua época quanto nos dias atuais. Mas, para saber dosar o equilíbrio, não é preciso conhecer a escala? Ou seja, é possível saber o quanto se está próximo do meio sem saber as distâncias dos extremos? Se não for, como pode o homem conhecer realmente os extremos?

    Aristóteles designou algumas virtudes para a inteligência e outras para a alma, cada qual com seu contorno, suas capacidades e seus efeitos na conduta humana. Com base nessa premissa, se o homem perder a inteligência, a razão, ou nunca a tiver por algum motivo de defeito congênito, ele não terá igualmente as virtudes aí situadas. Isso implica o mesmo efeito para o homem que perdesse (ou nunca tivesse) uma alma. Considerando-se as correntes céticas em termos religiosos, os agnósticos e os ateus, entre outros, para os quais não há nenhuma alma, e entendendo-se que entre estes ocorrem igualmente as virtudes, o bem viver e a justiça, qual seria a explicação para isso? A alma existiria mesmo em quem não a admite? Ela não existiria? Nesse caso, que outros conceitos Aristóteles teria confundido com a ideia de alma?

Atividades aplicadas: prática

As virtudes que aparecem com suma importância no pensamento de muitos filósofos gregos, como Sócrates, Platão e Aristóteles, tinham com certeza importante papel na cultura grega antiga. É provável que fossem determinantes de muitos eventos sociais públicos e privados, desde a concretização de uma amizade até a concessão de crédito em uma negociação ou mesmo nos acordos de um casamento, além, é claro, de, pelo menos em teoria, serem consideradas por juízes nos tribunais.

Questão a ser estudada:
Como são vistas essas mesmas virtudes no mundo ocidental atual?

Proposta:
Disserte sobre a posição e o papel das virtudes no contexto e no cotidiano atual do lugar em que você vive. Seu texto deve ter, no mínimo, quatro laudas. Considere os quatro aspectos a seguir:

1. As virtudes conhecidas hoje são as mesmas descritas por Aristóteles?
2. Elas ainda têm o mesmo peso determinante em eventos sociais públicos e provados?
3. Há uma contracorrente no Brasil atualmente para a qual certas virtudes podem ser ruins para o indivíduo, expressa, por exemplo, na ideia de que ser esperto é melhor que ser justo ou no ditado "melhor um covarde vivo que um herói morto"?
4. A ausência ou a depreciação dessas virtudes em nossa realidade traz consequências negativas para o bem comum, por exemplo, na criminalidade, na qualidade dos produtos industrializados, na preservação do meio ambiente, nas relações comerciais e trabalhistas, no amor marital etc.?

Conclua o texto com a sua opinião pessoal sobre o assunto.

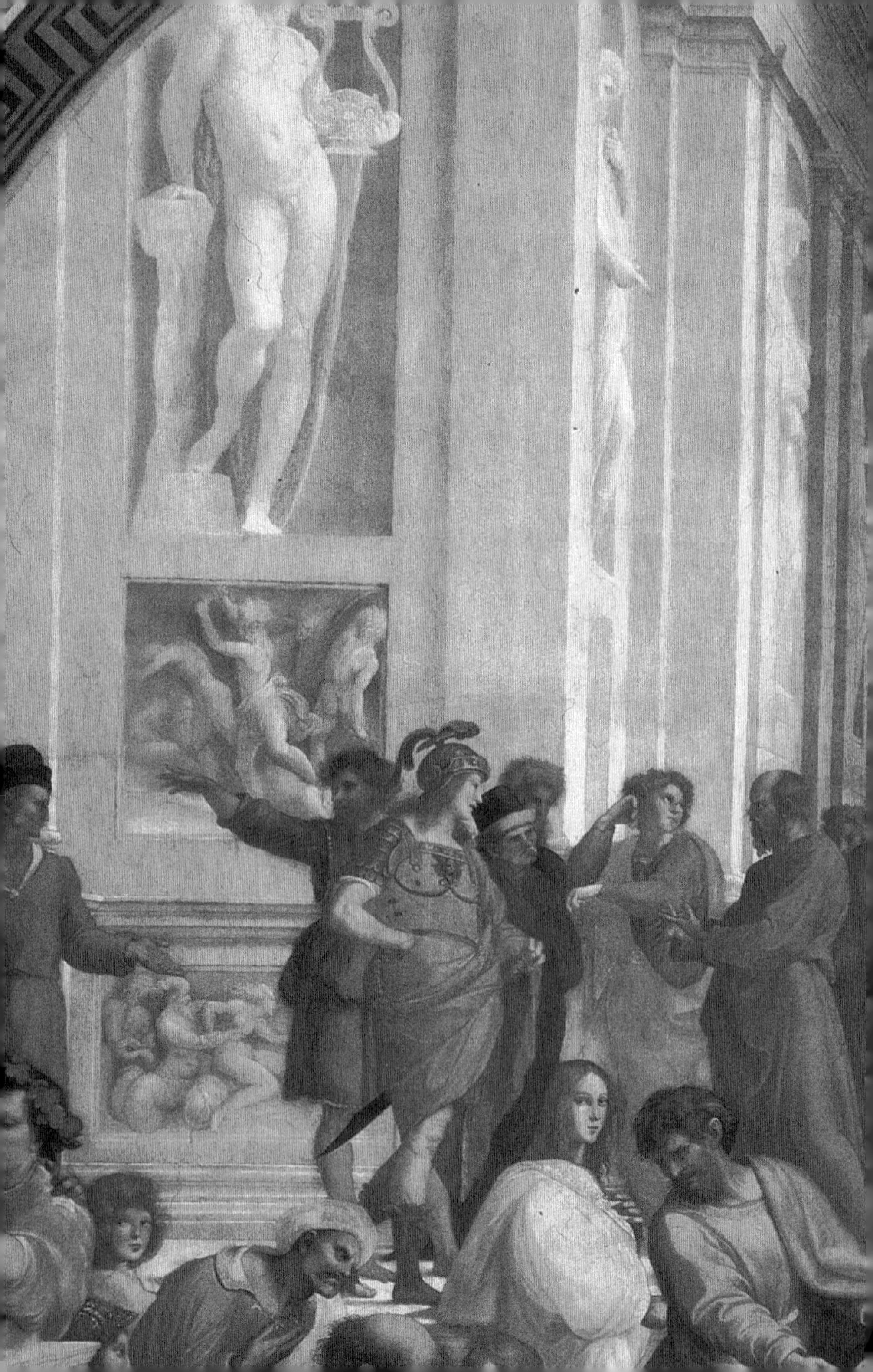

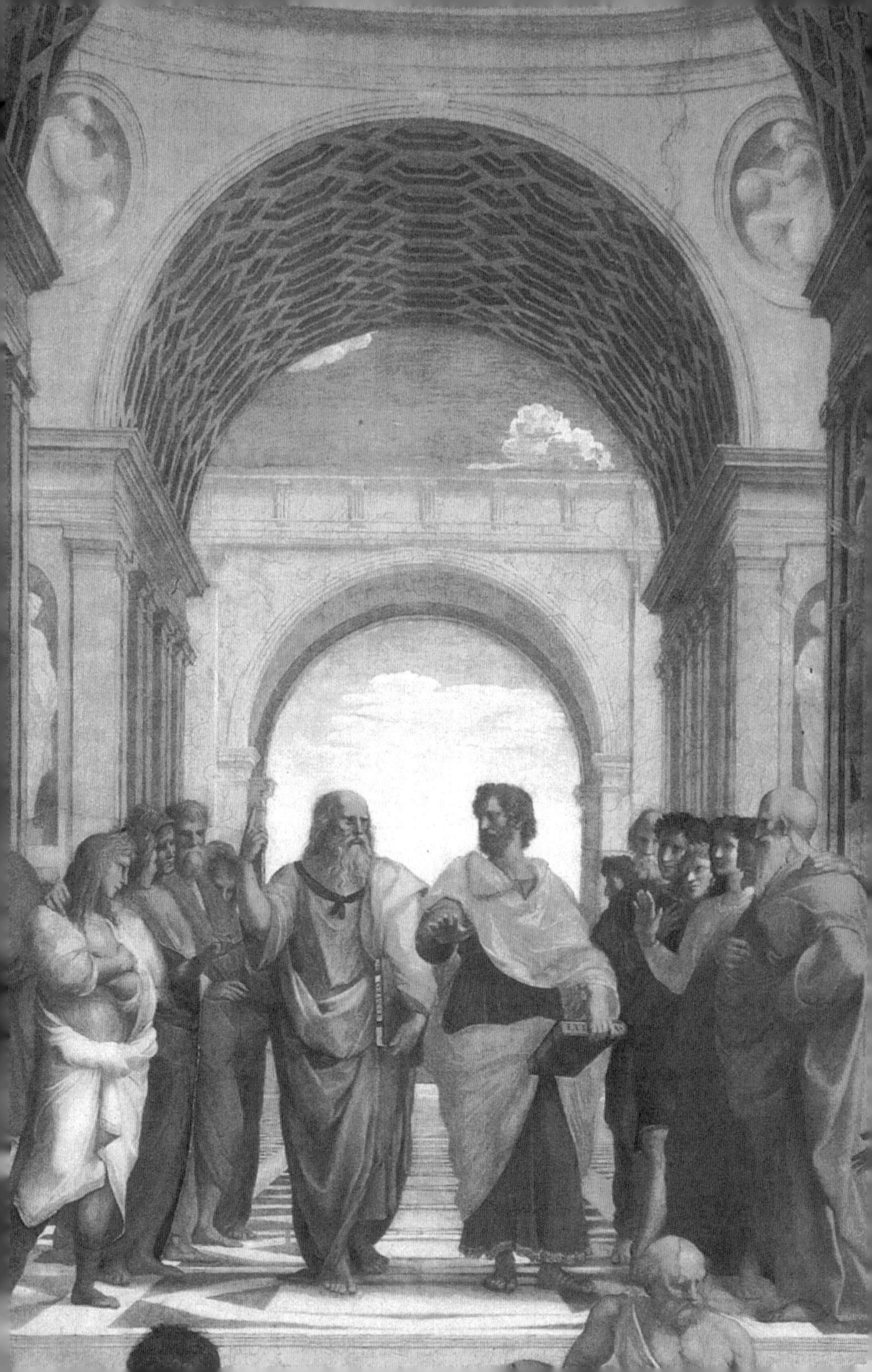

3

Era Helênica:
epicurismo e estoicismo

O helenismo não é uma corrente filosófica, é uma proposta de demarcação de um período histórico. Chama-se helenística *a era que marcou a transição da civilização grega para a romana, com forte influência da primeira.*

Civilização helenística é aquela que se desenvolveu fora da Grécia, mas sob a influência do espírito, da arte, da ciência e da filosofia gregas. Pode-se considerar seu início aproximadamente em 232 a.C. (morte de Alexandre III, o Grande) e seu final aproximadamente em 30 a.C. Para compreendermos a filosofia e a ética helenísticas, é importante verificarmos os principais fenômenos políticos, culturais e sociais que se desencadearam naquele período.

Naquela época, viagens e conquistas causaram uma grande fusão cultural entre diversos povos. Ao mesmo tempo que a cultura grega se alastrava pelo Ocidente e pelo Oriente, misturando-se às culturas locais, a cultura oriental também era, digamos, "importada" para o Ocidente.

Nesse movimento, as regiões da Mesopotâmia, Pérsia e Egito foram rapidamente helenizadas. Elas receberam a cultura grega e a cidade de Alexandria, no Egito, tornou-se a metrópole da civilização helenística, que também se espalhou para Roma e para a Espanha posteriormente.

A grande maioria dos historiadores atribui à **era helênica** um importante fato: a divisão ou separação entre ciência e Filosofia, sendo a primeira filha da segunda.

Aliás, é no período correspondente à era helênica que floresceram duas importantes correntes da *ética* filosófica: o **epicurismo** e o **estoicismo**. Também foi o período em que surgiram as primeiras sementes para o pensamento *cristão*, que viria a consolidar-se na próxima fase histórica: a **patrística**, fase que ainda manteria o espírito grego (Filosofia e ciência separadas) sufocado até o Renascimento, no século XIV.

3.1
Epicurismo

O *pensamento de* Epicuro de Samos é um dos mais perturbadores e também mal compreendidos até a atualidade. Chama-se *epicurismo* o sistema, escola ou corrente filosófica fundada por Epicuro, a qual floresceu em Atenas no século IV.

Entre os grandes mal-entendidos em torno da filosofia de Epicuro está a sua argumentação sobre o prazer: foi espalhado e dado como verdadeiro que ele pregaria uma vida repleta de prazeres como forma de obtenção da felicidade, mas essa é uma visão extremamente simplista, como veremos mais adiante. Sua filosofia e sua ética vão muito além disso.

A corrente filosófica epicurista teve muitos adeptos, especialmente na região do Mediterrâneo, e sobreviveu até o início da Idade Média, quando caiu em considerável esquecimento, em razão da perda de grande parte dos escritos de Epicuro e da franca ascensão da doutrina cristã.

Epicuro estudou um vasto campo de coisas, como a moral, os meteoros e a felicidade, mas sua contribuição mais brilhante é o *Tetrapharmakon*, que podemos interpretar como uma receita médica quádrupla para a alma do homem. Os quatro medicamentos ou tratamentos, conforme Martha Nussbaum (1994), poderiam ser assim sintetizados:

1. Não há nada a temer quanto aos deuses (ou os deuses não devem ser temidos).
2. Não há necessidade de temer a morte (ou a morte não deve causar apreensão).
3. A felicidade é possível (ou o bem é facilmente obtido).
4. Podemos escapar à dor (ou o terrível facilmente chega ao fim).

> **Estabelecendo conexões**
> Você pode assistir a uma excelente e descontraída conversa com o filósofo Paulo Ghiraldelli sobre o *Tetrapharmakon* no programa *Hora da Coruja*:
> > FILOSOFIA: Tetrapharmakon de Epicuro no Hora da Coruja – JustTV – 03/04/2012 parte 1. Disponível em: <http://www.youtube.com/watch?v=n6B1_rqfaw8>. Acesso em: 1º nov. 2013.

Uma inscrição atribuída a Diógenes (discípulo de Epicuro), contendo a receita médica para a alma – o *Tetrapharmakon* –, foi encontrada por arqueólogos franceses na Turquia, no século XIX.

Figura 3.1 – Tetrapharmakon

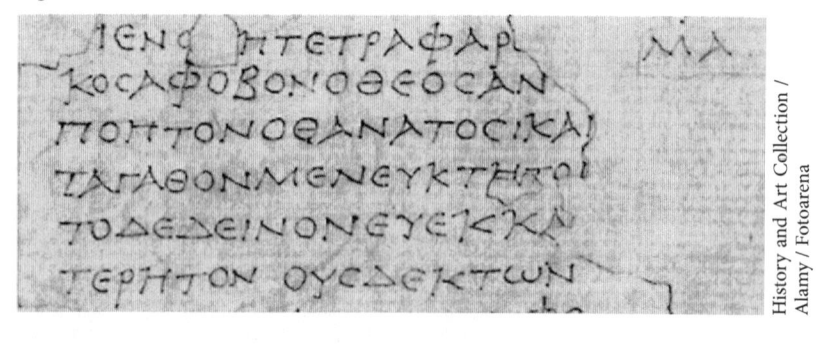

History and Art Collection / Alamy / Fotoarena

Primeiro remédio – não há nada a temer quanto aos deuses

Para Epicuro, os deuses existem e não há dúvidas de sua existência, mas vivem no seu próprio mundo distante, separado do mundo dos homens, com o qual não têm nenhum tipo de relação, pelo qual não se interessam e no qual sequer interferem.

O mundo dos deuses, por ser perfeito, tão distante e separado do nosso, não lhes permite que conheçam ou compreendam o nosso e muito menos que se interessem por ele. Com isso, o homem não deve preocupar-se com os deuses ou temê-los. Temer os deuses é apenas uma forma de dificultar ou impedir a felicidade, além de ser algo desnecessário.

Assim sendo, Epicuro orientava seus discípulos da seguinte forma:

> EM PRIMEIRO LUGAR, *considera que a divindade é um vivente incorruptível e feliz, como a noção comum do divino costuma aceitar, e não lhe atribuas qualquer coisa estranha à imortalidade ou de pouca consonância com a felicidade. Em relação à divindade, pensa tudo o que serve para preservar sua felicidade unida com a imortalidade. Os deuses existem de fato e o conhecimento que deles se tem é evidente. Eles, porém, não são como a maioria os crê, pois não continuam coerentemente a considerá-los como os concebem. Ímpio não é quem nega os deuses como a maioria os quer, e sim aquele que atribui aos deuses as opiniões que deles tem a maioria. [...] Daqui [da imaginação errônea das pessoas] se segue que dos deuses se fazem derivar para os homens as razões de todo maior dano e de todo bem; os deuses, com efeito, entregues continuamente às suas virtudes, são queridos por todos os seus semelhantes, mas rejeitam como estranho tudo o que não é semelhante a eles.* (Epicuro, 2008, grifo nosso)

Sendo bom ou mau e qualquer que seja o tipo de ato praticado, o homem não será alvo da observação, do interesse ou de ações dos deuses. O **papel dos deuses**, para Epicuro, é o mesmo das musas – o de **servir de modelo**, de exemplo, de aspiração e inspiração para o saber e para a vida. Os deuses devem ser, portanto, venerados, admirados, mas apenas para serem imitados, sem que seja necessário oferecer algo a eles e sem que se deva esperar alguma coisa deles.

Oferendas, ritos e tentativas de comprar os deuses são inúteis; podem ser feitos, mas não devem tornar-se uma preocupação intensa. Se os deuses interferem na vida humana em algum momento, é apenas por algum interesse que não conhecemos e que não temos como modificar.

Segundo remédio – não há necessidade de temer a morte

O *homem, como* ser vivo, é dotado de sentidos que percebem tudo o que acontece nele mesmo e ao seu redor; logo, ele só sabe e só sente as coisas, a existência e o mundo por meio desses sentidos. A *morte*, por ser algo inescrutável, inobservável, não está ao alcance dos sentidos; portanto, os homens não saberão como é, não vão senti-la em vida, por isso não há por que se preocupar com ela. A própria morte nos traz a possibilidade de escaparmos dela, já que não nos permite conhecê-la. Logo, como diz Epicuro em *Carta sobre a felicidade*:

> *o mal que nos faz ter arrepios, ou seja, a morte, é nada para nós, a partir do momento que, quando vivemos, a morte não existe, e quando, ao contrário, existe a morte, nós não existimos mais. A morte, portanto, não se refere a nós, nem quando estamos vivos, nem quando estamos mortos, porque para os vivos ela não existe, e os mortos, ao contrário, não existem mais.* (Epicuro, 1997, p. 25)

Quando a morte ocorrer, um de seus feitos inevitáveis será a perda dos sentidos. **Sentidos** que nos dão o conhecimento, a sensação, a capacidade de sentir, observar e conhecer. Assim, ao perdê-los, o homem morto também não conhecerá a morte.

Portanto, se não conheceremos a morte em vida ou depois de mortos, nunca sentiremos ou observaremos a morte e não há por que se preocupar com ela. Afinal, a morte não é boa nem ruim, não trará dor nem prazer, alegria ou tristeza. Todo bem e todo mal nos chegam por meio da sensação, e **a morte é a ausência de sensações**.

Terceiro remédio – a felicidade é possível

Epicuro ficou conhecido, entre outros aspectos, por ter definido a Filosofia como "medicina da alma", como uma forma de terapia. Isso se deve ao fato de o filósofo, assim como muitos outros filósofos gregos antigos, buscar os caminhos para a *eudaimonia*.

Essa palavra (*eudaimonia*), embora possa ser traduzida por "felicidade", engloba um conceito maior, porque inclui:

- o desenvolvimento pessoal; e
- a possibilidade de crescimento e progresso do pensamento, da alma e das virtudes.

Se, no conceito moderno, a **felicidade** é apenas um estado estático que nada gera a não ser o próprio sentimento de felicidade; a *eudaimonia* é mais que isso: ela é um estado no qual o ser se sente feliz e ainda consegue aumentar a sua felicidade e a dos outros progressivamente.

A busca da *eudaimonia* está diretamente ligada à ética. O significado de *ética*, nesse caso, não equivale ao sentido moderno de dever ou de algo pessoal com o qual podemos concordar ou não, como no caso de perguntarmos, por exemplo, se alguém é contra ou a favor do aborto ou se é contra ou a favor da pena de morte.

A ética dos gregos antigos dizia respeito ao cultivo e ao uso das virtudes para se caminhar rumo ao bem comum, à *eudaimonia*. Ela não era como a moral, que se compõe de preceitos baseados em dever e assume uma perspectiva pessoal. Os gregos não tomavam a ética como uma resposta pontual, como ser contra isso ou a favor daquilo, mas como um convite para que todos caminhassem juntos rumo à *eudaimonia*, sendo que seria preciso estar ora a favor, ora contra algum preceito moral, dadas as circunstâncias e a regência da conduta humana pelas virtudes.

Enquanto a visão moderna de moral e de ética se aplica apenas à opinião ou à regra a ser cumprida quando vamos tomar uma atitude, a ética dos gregos antigos incluía o que viria depois dessa atitude e ocupava-se com o que havia antes dela, com a progressão de eventos históricos para se chegar àquele momento.

Nesse cenário, **Epicuro foi um dos filósofos que articulou virtude, ética e felicidade, e sua fórmula era o** *tetrapharmakon*.

A terceira receita de Epicuro estabelece que a felicidade, ou o bem, é coisa fácil de se obter. Por exemplo: se pensarmos no bem segundo a demanda, como a fome ou a sede, o bem é a simples água, ou o pão, ou o peixe. Essas coisas simples são fáceis de se obter e não é necessário um banquete para saciar essas demandas. É possível ter muito prazer bebendo a água, comendo o peixe ou o pão.

Epicuro acreditava que a felicidade está intrinsecamente ligada aos **desejos**, razão pela qual se preocupou, em seu estudo sobre a felicidade, em classificar os desejos humanos. Nesse trabalho, agrupou-os em duas categorias:

1. **desejos naturais** (divididos em necessários e simplesmente naturais); e
2. **desejos frívolos** (divididos em artificiais e irrealizáveis).

Obedecendo a essa classificação, um único desejo poderia ser tipificado de quatro maneiras distintas:

1. natural necessário;
2. natural;
3. frívolo artificial; ou
4. frívolo irrealizável.

Esses desejos têm relação com outros conceitos que Epicuro descreveu como necessários para a felicidade. Entre eles, a **ataraxia** (ausência de perturbação) e a **aponia** (ausência de dor). Antes de associá-los aos tipos de desejos, vamos examinar melhor esses dois conceitos.

A *ataraxia* é um estado de repouso da alma, que, por meio das virtudes, se torna inabalável aos estímulos externos. É uma forma de apatia que traz plenitude e serenidade, na medida em que a alma se torna intocável. É a ausência de ansiedade e de preocupações, é a tranquilidade impassível.

Já a *aponia* é a ausência de dor. Ausência de dor física no sentido, inclusive, de suportar a dor sem sofrer, em prol de um bem futuro. Como bem o expressa Gomes (2003, p. 11) ao dizer que: "para Epicuro, portanto, **o verdadeiro prazer** vem a ser a ausência de dor no corpo (*aponia*) e a falta de perturbação da alma (*ataraxia*)." (grifo nosso)

Agora consideremos novamente os *desejos*, estabelecendo um entendimento prático por meio de alguns exemplos:

- **Natural necessário**: para a vida, nutrição ou sono; para a tranquilidade do corpo, proteção, abrigo; para a felicidade, ataraxia.
- **Natural**: variações de prazeres, busca do agradável; escolha de sabores, cheiros; comer um pouquinho a mais etc.
- **Frívolo artificial**; riqueza, glória, *status*, reconhecimento etc.
- **Frívolo irrealizável**: imortalidade, invisibilidade etc.

Agora que já conhecemos as classificações dos desejos segundo Epicuro e os conceitos de ataraxia e aponia, é mais fácil compreender a terceira receita do *tetrapharmakon*.

Ela nos ensina que o homem deve encontrar seu sumo bem no prazer, não o prazer banal dos sentidos e do movimento, mas o prazer ético, o prazer da alma, do repouso (ataraxia e aponia) da alma. Mas como conseguimos isso? Isso é possível de conseguir por meio do autodomínio e do autocontrole. Uma vez alcançadas essas duas condições, estaremos capacitados a renunciar aos desejos dos prazeres frívolos irrealizáveis e frívolos artificiais, bem como a evitar os desejos naturais não necessários. Estaremos, então, aptos a encontrar o sumo bem no prazer.

Quarto remédio – podemos escapar à dor

Epícuro lembra que **existe uma alternância entre bem e mal. E isso é fundamental**, pois é somente por causa dessa alternância que existe o bem – todas as coisas boas. Se existisse apenas o bem (ou somente o mal), ele não teria esse nome, ele seria o normal, o usual, o padrão, o de sempre.

É justamente em razão dessa alternância entre bem e mal que podemos compreender que a chegada de um momento ruim não implica em algo que o será para sempre, pois de alguma forma isso passará e, se não passar, poderá deixar de ser mal, tornando-se o comum, o padrão.

O que mais, de forma resumida, podemos dizer sobre esse filósofo? Principalmente que ele se destacou pelo seu materialismo e empirismo. Trabalhou e aprofundou-se em suas buscas, privilegiando uma abordagem sobre a *ética* na qual ela fosse uma condição de olhar a vida buscando o bem, a felicidade – o "como" fazer para encontrá-la. Vida que devemos cuidar e cujo acabamento está na construção de uma comunidade baseada na amizade.

3.2
Estoicismo

Ficou conhecida como estoicismo a escola ou corrente filosófica fundada no século III a.C. por Zenão de Cício, que viveu aproximadamente entre 334 e 262 a.C. A corrente estoica é completamente diferente da filosofia anterior, platônica, aristotélica, socrática ou pré-socrática.

Os rumos que a filosofia tomou durante o período helênico, seja na escola epicurista, seja na estoicista, resumem-se à **cristalização**

de dogmas. O pensamento perdeu a amplitude, a especulação e a abrangência e voltou-se para o indivíduo de forma imediata, em busca de soluções para os problemas diários. No entanto, pelo menos dois postulados (regras) brilhantes surgiram no estoicismo, como relata Bréhier (2002, p. 1):

> O PRIMEIRO *é que é impossível ao homem encontrar regras de conduta ou alcançar a felicidade sem apoiar-se em uma concepção do universo determinada pela razão; a investigação acerca da natureza das coisas não tem um fim em si mesma, na satisfação da curiosidade intelectual, mas exigem também a prática.* O SEGUNDO TRAÇO, *mais ou menos manifesto, é a tendência à disciplina de escola, segundo o qual o novo filósofo não tem que buscar o que já foi encontrado antes e a razão e o raciocínio só servem para consolidar nele os dogmas da escola e dar-lhes uma segurança inabalável; mas nestas escolas não se trata, muito menos, da investigação livre, desinteressada e ilimitada da verdade, mas de se assimilar uma verdade já encontrada.* [grifo nosso]

Provavelmente um dos motivos para essas mudanças radicais no pensamento filosófico tenha sido o fato de que a quase totalidade dos novos filósofos que floresceram nesse período não era ateniense, nem mesmo gregos continentais, mas sim metecos e semitas vindos de países à margem do helenismo, influenciados por diversas outras culturas. Os principais nomes do estoicismo, em ordem alfabética, são:

- Antipater;
- Apolodoro de Selêucia;
- Arquedemo;
- Boeto de Sidon;
- Cleantos de Assos;
- Crisipo;
- Diógenes da Babilônia;
- Dionísio de Heracleia;

- Estero de Bósforo;
- Herilo de Cartago;
- Perseo;
- Zenão.

Esses homens vieram de lugares como Chipre, Cítio, Tarso, Sidon, Assos (costa eólia), Heracleia, Bitínia (sobre o Ponto Euxino), Babilônia, Selêucia e Caldeia. Eram cidades e lugares que não tinham longas tradições de independência nacional como as cidades gregas, muito menos o conceito de viver sob uma *pólis* autossuficiente, e seus habitantes estavam acostumados a viajar até os mais longínquos países por motivos comerciais.

A corrente estoica dividia a filosofia em três dimensões – lógica, física e ética –, nas quais distribuíam os problemas filosóficos. O método mais adotado para o pensamento era a dialética, que pode ser entendida como a arte do diálogo, da contraposição e contradição de ideias que leva a um consenso; é a discussão e a tensão entre os opostos.

Na **visão ética estoica**, o homem bom, o homem de bem, tem de, necessariamente, ter a mesma visão e concepção da natureza que é pregada por essa escola, sem a liberdade de estudá-la sob outras perspectivas para dar progresso ao pensamento. Ele pode pensar à vontade, contanto que seja para reforçar o que já se sabe, cristalizar as máximas. É um sistema que lembra as crenças maciças das religiões orientais da época, constituído de dogmas.

Para traçar os principais aspectos da filosofia estoica, recorremos entre outros, a um estudo com a tradução de Miguel Duclós* (2013, p. 14) publicado no *site* da Unicamp, em que é definido com muita propriedade que, para os estoicos, "a teoria da alma individual é racionalista, dinamista, espiritualista, como a teoria da alma do mundo".

No entanto, ao falarmos em **alma**, é necessário observar que, para eles:
- Somente os animais possuem alma, as plantas não;
- Somente o homem possui razão, os outros animais não.

Isso se explica pelo fato de conceberem a existência da *alma* somente onde há o **movimento espontâneo**, derivado de duas faculdades – a representação e a inclinação. Como as plantas não possuem esses movimentos, também não possuem alma. Já, os animais, por serem possuidores desses dois movimentos espontâneos, também possuem alma.

Em relação aos animais, embora possuam alma, com exceção do homem, não possuem razão. Eles consideravam que os atos dos animais em geral eram meramente instintivos. E embora possamos observar traços aparentemente inteligentes nos animais, como de amizade, hostilidade e política, isso derivava da razão universal que se estende por toda parte pela natureza e não de uma alma racional como a humana. Como diz Duclós (2013, p. 15):

---

*   Foram utilizadas as seguintes edições, traduzidas por Duclós (2013), para o estabelecimento deste texto: **Histoire de la philosophie** – tome premier, l'antiquité et le moyen age – 2 – période hellénistique et romaine. Paris: Presses Universitaires de France, 1948; **Historia de la Filosofía**, v. 1. Traducción por Demetrio Náñez. Buenos Aires: Editorial Sudamericana, 1948. E para cotejo e comparação: **História da filosofia** – tomo primeiro – a Antiguidade e a Idade Média – ii – período helenístico e romano. Tradução de Eduardo Sucupira Filho. São Paulo: Mestre Jou, 1978.

> A RAZÃO, *particular à alma humana, consiste num assentimento que introduz entre a representação e a tendência ou inclinação; o caráter próprio da alma racional é, com efeito, que a atividade da tendência não é engendrada diretamente pela representação, mas somente depois que a alma lhe doou voluntariamente sua adesão ou assentimento.* TODA RECUSA DA ALMA IMPEDE A AÇÃO. [grifo nosso]

Vamos detalhar:
- a representação, o assentimento e a inclinação são movimentos produzidos na chamada *parte hegemônica*;
- hegemônica é a parte também chamada de *diretriz da alma* ou *reflexão*.

Assim, foi a partir da observação das inclinações presentes no homem desde o seu nascimento e durante toda a sua existência que os estoicos fundamentaram a *ética* de seu sistema filosófico.

Os pressupostos apresentados para caracterizar essas inclinações, que iriam se refletir na abordagem ética, foram:
- As inclinações vêm da natureza;
- No estado em que elas vêm, uma vez que é da natureza, elas são boas;
- A primeira inclinação é aquela que nos impulsiona a nos conservar – é a natureza nos entregando a nossa própria responsabilidade;
- Já no princípio, a natureza nos imbui do sentimento e da consciência de nosso próprio ser – constituindo-se esta em uma inclinação inseparável da consciência;
- A condição de distinguir o que é conforme e o que é contrário à natureza também acompanha o homem desde o princípio;
- Os **objetos** das primeiras inclinações são a saúde, o bem-estar e tudo o que for decorrente disso.

No entanto, é oportuno salientar que esses objetos das primeiras inclinações não devem ser classificados como *bem*, podendo ser chamados apenas de *útil*, uma vez que o *bem* é absoluto por natureza, é aquele algo que basta a si mesmo.

Para os estoicos, só chegamos a conceber o bem por uma elaboração racional. Logo, as inclinações que eles mencionam, uma vez que correspondem a desejos, não podem ser consideradas *bem*. Na concepção de seus filósofos, não era possível um bem relativo como concebia Aristóteles, que diferenciava o bem do arquiteto, do engenheiro etc. Nesse âmbito, Duclós (2013, p. 15) resume a essência da tratativa do *bem* para o estoicismo ao dizer que "É refletindo sobre a razão comum de nosso assentimento espontâneo às nossas inclinações e comparando-os entre si, que captaremos a noção de bem". E esclarece essa proposição, logo a seguir:

> *Nosso assentimento espontâneo, na aurora da vida, era já um assentimento fundado na razão, e mesmo um assentimento da razão, pois visava conservar um ser produzido pela natureza, ou seja, pelo destino ou razão universal. Mas a noção de bem vem, de alguma forma, de uma razão de segundo grau que capta o motivo profundo da nossa ligação com nós mesmos, na vontade que a natureza total, da qual somos parte, tem de se conservar. Esse bem, que se refere à natureza universal, tem um valor incomparável com o dos objetos primitivos de nossas inclinações, os quais não se referem mais do que à nossa natureza particular. Não pode ser obtido pelo simples aumento dos fins primitivos, como, por exemplo, a saúde, a riqueza e outros fins deste gênero levados ao seu máximo; este bem é de uma outra espécie, não de uma grandeza superior.*
> (Duclós, 2013, p. 15-16)

Essa concepção, essa dialética enxuta, provocou uma imensa modificação da *ética* em sua essência:
- só aquilo que fosse realizável pela nossa vontade podia ser considerado bem;
- tudo o que fosse objeto de nossas inclinações deixaria de ser bem e passaria apenas à categoria de desejo.

A sua concepção de virtude e bem os agrupa em um conjunto, no qual ambos são considerados elementos preciosos, admiráveis, úteis e imprescindíveis.

Para essa corrente filosófica, o bem ou a felicidade não estão mais relacionados à concepção de "dom divino" que se expressa nas virtudes. Assim, a **felicidade** (o **bem**) fica contida em si mesma, não mais em aspectos exteriores a ela. Ela é desejável por si mesma, é o seu próprio fim e não está alojada em algo externo que queiramos alcançar. Diferencia-se das outras artes por duas de suas características fundamentais:

1. **O fim em si mesma**: as outras artes buscam um fim externo para se realizarem, a felicidade não;
2. **Não está sujeita ao aperfeiçoamento**: por ser perfeita desde o princípio, também se diferencia das outras artes no que diz respeito ao progresso e ao desenvolvimento. Ela não está sujeita a esse fator, já é completa.

É justamente por essas características racionais (constância, firmeza, estabilidade) que Zenão denominava esse bem/felicidade de *prudência* (*phronesis*).

Ele considerava a prudência a virtude fundamental. Justificava tal concepção, conforme cita Duclós (2013, p. 16), sob a perspectiva de que:

- a **coragem** será prudência no que se deve enfrentar;
- a **temperança** será a prudência na escolha das coisas; e
- a **justiça** será a prudência nas atribuições de partes.

Ao contrário de muitos filósofos até então, via nas virtudes apenas a Razão universal. Portanto, abandonou aquelas concepções que diferenciavam as virtudes: do homem e da mulher, do rico e do pobre, do homem e de Deus.

Mas o estoicismo também admite a **multiplicidade de virtudes**, embora com uma compreensão bastante diferenciada da de Aristóteles.

Considerava que as virtudes estão agregadas em conexão entre si, e que quem tem uma virtude tem todas. No entanto, praticamos e aplicamos cada uma delas em apenas uma esfera de ação, devendo ser assimiladas de forma isolada.

Esse **processo de passagem** do "estado primitivo de inocência, em que todas as inclinações são boas, ao estado em que as inclinações são substituídas pela vontade reflexiva e a virtude não se faz de uma maneira tão fácil". (Duclós, 2013, p. 15)

As dificuldades advêm do fato de que os sujeitos que pretendem viver uma vida virtuosa:

- Não são puros ou inofensivos, mas já corrompidos;
- Não mantêm suas inclinações primitivas, mas as deformam, principalmente em contato e sob a influência do meio social que deprava a criança; e, assim,
- Apresentam as inclinações primitivas convertidas em: paixões, desgosto, medo, desejo, prazer – fatores estes que, por perturbarem e embaçarem a alma, acabam por impedir a virtude e a felicidade.

A **existência da paixão** significou um problema muito difícil para ser decifrado e enfrentado pela ética estoica: "**Se toda a substância da alma é razão, como pode haver nela o irracional?** Porque as paixões vão realmente contra a razão, já que nos levam a desejar como bem ou a rechaçar como maus atos que, para o homem reflexivo, não são realmente bons nem maus." (Duclós, 2013, p. 16-17, grifo nosso)

Para enfrentar essa dificuldade, filósofos, como Platão e Aristóteles por exemplo, consideraram que na alma havia uma ou mais partes racionais. No entanto, tal tese vinha de encontro ao racionalismo integral dos estoicos, e não conseguia abarcar elementos racionais da paixão.

Isso era realmente um enigma, pois se considerarmos o homem como um ser racional, como poderíamos admitir a possibilidade de uma determinada inclinação se impor sem o assentimento ou adesão desse ser?

Assim, o paradoxo permanecia, porquanto fosse fato que:
- **a inclinação geral** correspondia a inclinação exagerada e desmesurada – a chamada *paixão*;
- **toda paixão corresponde** ao juízo relacionado a um bem, presente no prazer, futuro no desejo; ou, então, relacionado a um mal, presente na dor, futuro no temor.

Ora, tendo em vista os argumentos anteriores, **chegavam à conclusão de que tanto a origem como o desenvolvimento da paixão dependem do assentimento do sujeito.** Esse, então, transformou-se em um dilema indecifrável. Como exemplifica Duclós (2013, p. 17),

> *por crer na conveniência de se entregar ao desgosto, se geme e se adota o luto. O assentimento é ato do ser racional, e somente dele; outra coisa é sentir a dor física, outra coisa é experimentar a dor, que depende do juízo de que são más. Não se pode então explicar a paixão atribuída a uma faculdade desprovida de razão.*

Na busca por uma solução para o dilema acabaram por concluir que **a paixão é uma razão irracional e desobediente à razão.** Isso por si só constitui-se em algo paradoxal. Coube ao estoico Crisipo encontrar para a "paixão" ou "razão irracional" uma explicação que dava como causa uma origem externa:

> *são os costumes que ensinam às crianças a evitar o frio, a tosse, a dor que lhes persuade de que toda dor é um mal, e o mesmo quanto às opiniões que ouvimos ao nosso redor durante toda a educação, desde as expressadas pelas amas de leite até as dos poetas e pintores, todas elogiosas do prazer e das riquezas.* (Duclós, 2013, p. 17)

Assim, embora os estoicos não tenham negado a existência da desrazão, perseveraram na ideia da importância do juízo para argumentar o quanto **a paixão depende de nós**. Foi nessa tarefa que estabeleceram o papel dos "juízos de conveniência" (principalmente Crisipo), os quais, assim como os preconceitos, nos fazem crer, por exemplo, que é bom e justo nos deixarmos dominar pelo sofrimento quando morre um parente.

O que o estoicismo pretendia era **o desapego das paixões por meio de máximas racionais**, oriundas de uma meditação, uma reflexão sobre o senso comum dos juízos da sociedade e não por uma resistência direta à paixão em questão.

Defendiam que a razão humana aparta das inclinações espontâneas o bem e a virtude, e é justamente pela elaboração racional que o homem descobre o fim de cada ação. **Fim** que deve ser fundamentado para compreendermos e assumirmos o motivo pelos quais as ações devem ser feitas.

Considerando que **o fim é viver**, devemos fazer uma escolha reflexiva e sem constrangimento (livre) das coisas em consonância com a natureza universal. Lembrando que "**A alma humana é, em todo caso, pura razão, e será difícil de ver como se introduz o vício e a desrazão.**" (Duclós, 2013, p. 14, grifo nosso)

Logo, **os pilares da vida ética**, sua essência, são essa condição de escolha que fazemos entre as coisas úteis e a nossa conservação. Escolha que se realiza por si só, dita espontânea, na verdade induzida por nossas inclinações.

Síntese

O *helenismo foi* um período histórico conhecido como a era que marcou a transição da civilização grega para a romana, com forte influência da primeira. A civilização helenística se desenvolveu fora da Grécia, mas sob a influência do espírito, da arte, da ciência e da filosofia gregas. O seu início foi em aproximadamente 232 a.C. (morte de Alexandre III, o Grande) e o final em 30 a.C., aproximadamente. No período helênico, floresceram duas importantes escolas filosóficas: o *epicurismo* e o *estoicismo*.

A ética estoica é baseada num homem racional, que nasce com a capacidade de buscar o que é naturalmente bom, mas que com o tempo adquire certas tendências, entre elas a capacidade de escolhas não naturais, algumas antagônicas do bem. O único caminho para o bem é, portanto, o uso do poder e do domínio da racionalidade sobre essas tendências, de uma maneira resistente, forte e heroica – **controlando as paixões e enaltecendo as virtudes**.

Já a **ética de Epicuro** é baseada na filosofia como um remédio para a alma. O epicurismo dividiu e classificou os desejos humanos em:

- naturais necessários (para a vida, nutrição ou sono; para a tranquilidade do corpo, proteção, abrigo; para a felicidade, ataraxia);
- naturais (variações de prazeres, busca do agradável; escolha de sabores, cheiros, comer um pouquinho a mais etc.);
- frívolos artificiais(riqueza, glória, *status*, reconhecimento etc.) e
- frívolos irrealizáveis (imortalidade, invisibilidade etc.).

Considerava que o caminho para a felicidade estava, antes de tudo, no controle racional dos desejos, permitindo que florescessem apenas os naturais, preferivelmente os naturais necessários.

A felicidade epicurista é obtida por meio da apatia, ou de uma alma em estado de repouso, intocável, e pela ausência de dor, o que podemos conseguir mediante estudo, compreensão e vivência de quatro "remédios" filosóficos, traduzidos pelas seguintes afirmações: (1) Não há nada a temer quanto aos deuses; (2) Não há necessidade de temer a morte; (3) A felicidade é possível; e (4) Podemos escapar à dor.

Indicações culturais

Audiolivros

MATHEUS, C. E. M. **Período helenístico**: estoicismo, ceticismo e epicurismo. São Paulo: Universidade Falada, 2007.

Trata-se de um audiolivro de Filosofia que aborda o tema das escolas helenísticas como parte de um curso. Os autores, do projeto Universidade Falada, traduzem, com referências histórias e muitos detalhes da vida na época, o panorama da cultura grega nesse tempo em que as famosas cidades-estado se uniram com vistas à defesa compartilhada, mas também com o objetivo de promover a cultura geral de uma Grécia unida, embora triste com a perda do esplendor do período clássico. Nesse amálgama surgem as escolas estoica, epicurista e também a cética, tratando da ética em função das decisões e paixões humanas.

Sites

EPICURO. **Pensador.info**, 2007. Disponível em: <http://www.pensador.info/autor/Epicuro>. Acesso em: 3 set. 2012.

Nesse SITE, você encontra uma coletânea de frases de Epicuro que, sendo pensadas com profundidade, podem dizer algo sobre sua ética, a exemplo de: "O desejo é a causa de todos os males", ou "O prazer não é um mal em si; mas certos prazeres trazem mais dor do que felicidade", ou ainda, "A morte não é nada para nós, pois, quando existimos, não existe a morte, e quando existe a morte, não existimos mais".

Vídeos

EPICURO: a filosofia como medicina da alma (Parte 1). Direção: Ghirardelli Júnior. Brasil, 2007. 8 min. Disponível em: <http://br.youtube.com/watch?v=bLIM8q3Psww>. Acesso em: 3 set. 2012.

Esse vídeo é uma gravação do programa de TV Filô das 11, no qual o professor e filósofo Ghirardelli Júnior expõe o TETRAPHARMAKON e a ética da felicidade de Epicuro em linguagem simples e de fácil compreensão. Ao assitir a esse vídeo ON-LINE, você encontrará LINKS para as Partes 2 e 3 logo à direita da janela de vídeo do SITE Youtube. Em cada vídeo acessado pelos LINKS, você verá novos LINKS para outros vídeos congêneres.

Atividades de autoavaliação

1. Segundo Epicuro, tem a chave da felicidade aquele que:
    a) não tem desejos.
    b) só tem desejos bons.
    c) controla seus desejos.
    d) tem muitos desejos.

2. Conforme a corrente estoica, o homem nasce sabendo o que é naturalmente bom, mas depois adquire tendências e passa a fazer escolhas ruins. Para que isso não aconteça, e para que o homem continue em equilíbrio, dominando suas escolhas para o bem, é preciso usar:
    a) a bondade de sua alma.
    b) a leveza de seu espírito.

c) a racionalidade.

d) a paixão.

3. Epicuro disse que não devemos temer ou nos preocupar com a morte porque:
    a) a morte é uma ilusão, ela não ocorre realmente.
    b) somente os vivos a sentem e percebem, a morte é ausência de sentidos.
    c) ninguém morrerá para sempre, a morte é um fenômeno passageiro.
    d) a morte é apenas uma transformação de homens em deuses.

4. Helenismo, epicurismo e estoicismo são respectivamente:
    a) uma era histórica e duas escolas filosóficas.
    b) uma escola filosófica e dois períodos.
    c) duas escolas filosóficas e um período histórico.
    d) três escolas filosóficas.

5. Na visão estoica, a virtude:
    a) é como uma semente que deve sempre crescer.
    b) já nasce pronta e completa.
    c) não se adquire sem sofrimento.
    d) não deve ser desejada.

Atividades de aprendizagem

Questões para reflexão

1. Epicuro disse que os desejos podem ser uma fonte de ansiedade, de muitos males e sofrimentos, e que aquele que tem controle sobre seus desejos tem a chave para a felicidade. Sua ética, baseada no autocontrole e na disciplina, chegou a ser sintetizada e escrita

em um muro em frente a um mercado na Grécia antiga, a fim de conscientizar as pessoas de que comprar não as tornaria mais felizes, como acreditavam.

Parece haver uma corrente oposta ao epicurismo nos dias atuais, pois é comum as empresas associarem seus produtos e serviços à felicidade, com o intuito de vendê-los. Isso pode ser observado especialmente nos comerciais e na publicidade de modo geral. Acreditando-se que o homem pode ser feliz consumindo e havendo aqueles que têm interesse em vender e incentivam essa ideia, cria-se um mundo no qual muitas compras ocorrem sem que a pessoa queira realmente o produto ou serviço adquirido.

Você já comprou alguma coisa e depois descobriu que não queria realmente aquilo? Ou então adquiriu um produto que logo foi deixado de lado, jogado fora ou simplesmente guardado?

Acreditando que o consumo é bom para você, para sua felicidade, você também projeta essa ideia nos outros, como ocorre nas situações em que se dá um presente no lugar da presença, um brinde no lugar de um abraço, uma gorjeta no lugar de um sorriso e de um "muito obrigado"?

2. Os estoicos consideravam que o homem nasce com a capacidade de saber escolher o que é naturalmente bom, mas, com o crescimento, surgem as tendências (vícios e paixões) e as virtudes. Estas vão alterando o padrão natural das escolhas, e a razão é a ferramenta responsável por restabelecer o equilíbrio natural para o homem de bem, o homem ético.

O surgimento das tendências ruins, dos vícios e das paixões não parece ser algo natural e inerente ao próprio ser, mas algo que vem de fora. Seriam a cultura e os costumes responsáveis por essas tendências?

Quando dizem que os brasileiros têm "paixão" por futebol e cerveja, seria uma enorme coincidência o fato de os apaixonados por essas coisas nascerem em maior número aqui no Brasil ou isso seria influência do trabalho de divulgação do esporte de massa e das bebidas alcoólicas na mídia?

Atividades aplicadas: prática

Neste capítulo sobre o período helênico, você viu que as paixões e os desejos têm um papel central na ética dos estoicos e dos epicuristas. Paixões e vícios são vistos como empecilhos para o bem e a felicidade, embora os estoicos e os epicuristas apontem diferentes maneiras para lidar com isso.

É como se a mente humana tivesse um segmento que quer as coisas, que decide querê-las, com diferentes intensidades e importância. Quando esses desejos e paixões não são satisfeitos, a mente humana geral, ou a alma, é perturbada, com inquietação, sofrimento, preocupação, dor etc. Muitas vezes a pessoa sofre por antecipação, só de pensar na possibilidade de não realizar seu desejo ou paixão ou de não conseguir mantê-los, mesmo que no momento esteja tudo sob controle, ou seja, a felicidade se torna difícil mesmo quando se tem o que se quer.

Questão a ser estudada:
Quais seriam exemplos práticos da relação entre desejo, paixão e felicidade se o homem não tem controle sobre isso?

Proposta:

Usando sua imaginação e, se possível, algumas informações reais que você tenha de amigos, de livros, da internet ou de qualquer outra fonte, tente completar a lista de exemplos a seguir com pelo menos mais dez casos ilustrativos.

a) Lauro é um brasileiro de 62 anos de idade, completamente desconhecido e que nunca teve carreira política. Permitiu que o desejo de ser presidente do Brasil crescesse dentro dele e, com isso, tornou-se uma pessoa amarga, frustrada e infeliz.

b) Andreia não era considerada feia por quem a conhecia, mas, sendo bombardeada diariamente por imagens de modelos magérrimas, desenvolveu o desejo de ter a mesma aparência, a paixão pela forma estética. Submeteu-se a uma cirurgia de lipoaspiração, sofreu um choque anafilático e falta de oxigenação no cérebro por vários minutos, o que lhe causou paralisia cerebral. Incapacitada de andar, com as faculdades mentais comprometidas e dificuldade de fala, ela viveu o resto de seus anos de vida na cama, necessitando de assistência para se alimentar, excretar e manter a higiene corporal. Sua infelicidade foi imensurável.

c) Cláudia também queria o mesmo que Andreia, mas, por não conseguir o dinheiro para a cirurgia, começou a sofrer por sentir-se feia. Já não saía de casa, tinha vergonha do corpo e, mesmo quando um rapaz lhe confessou que a amava, seu pensamento não mudou. Em sua ânsia de ter a quantia necessária para a cirurgia, passou a desviar dinheiro do caixa da padaria em que trabalhava e foi flagrada por uma câmera de segurança. Cumpriu 6 anos de prisão em regime fechado e, antes que acabasse a pena, suicidou-se.

d) Antonio tem uma enorme paixão pelo Palmeiras Futebol Clube. Quando esse time está ganhando os campeonatos e as taças, ele se torna feliz; quando está perdendo, ele se torna infeliz. Sua felicidade depende de um grupo de homens distantes, vistos pela televisão e sobre os quais ele não tem controle. Não é muito diferente de jogar dados numa mesa e dizer: "se der par, ficarei feliz; se der ímpar, ficarei infeliz".

e) Lúcia está fazendo faculdade de arquitetura, um desejo que ela cultivou por anos. Embora esteja já na metade do curso e tudo esteja indo muito bem, Lúcia não consegue ser feliz, por ficar extremamente preocupada com o que pode acontecer de errado, como perder uma nota, ficar doente, ser despedida e não ter dinheiro para pagar o curso, e assim por diante. Essa preocupação intensa, que a torna extremamente infeliz e estressada, já lhe rendeu problemas psicossomáticos e uma úlcera. Ela se consultou com um médico e hoje toma remédios controlados, além de antiácidos. No pensamento de Lúcia, compensa passar por tudo isso, porque, depois do diploma obtido, virá a felicidade. O que ela não percebe é que os sentimentos que têm agora com a faculdade serão vividos também com o emprego, com o casamento, com o filho e com os demais setores de sua vida.

Agora, descreva os exemplos que você encontrou (10).

Parte 2

Idade Média

Em termos históricos, a Idade Média foi o período que veio logo depois do estoicismo/helenismo e compreende três pensamentos filosóficos: a PATRÍSTICA, a ESCOLÁSTICA e a FILOSOFIA ÁRABE de Avicena e Averróis.

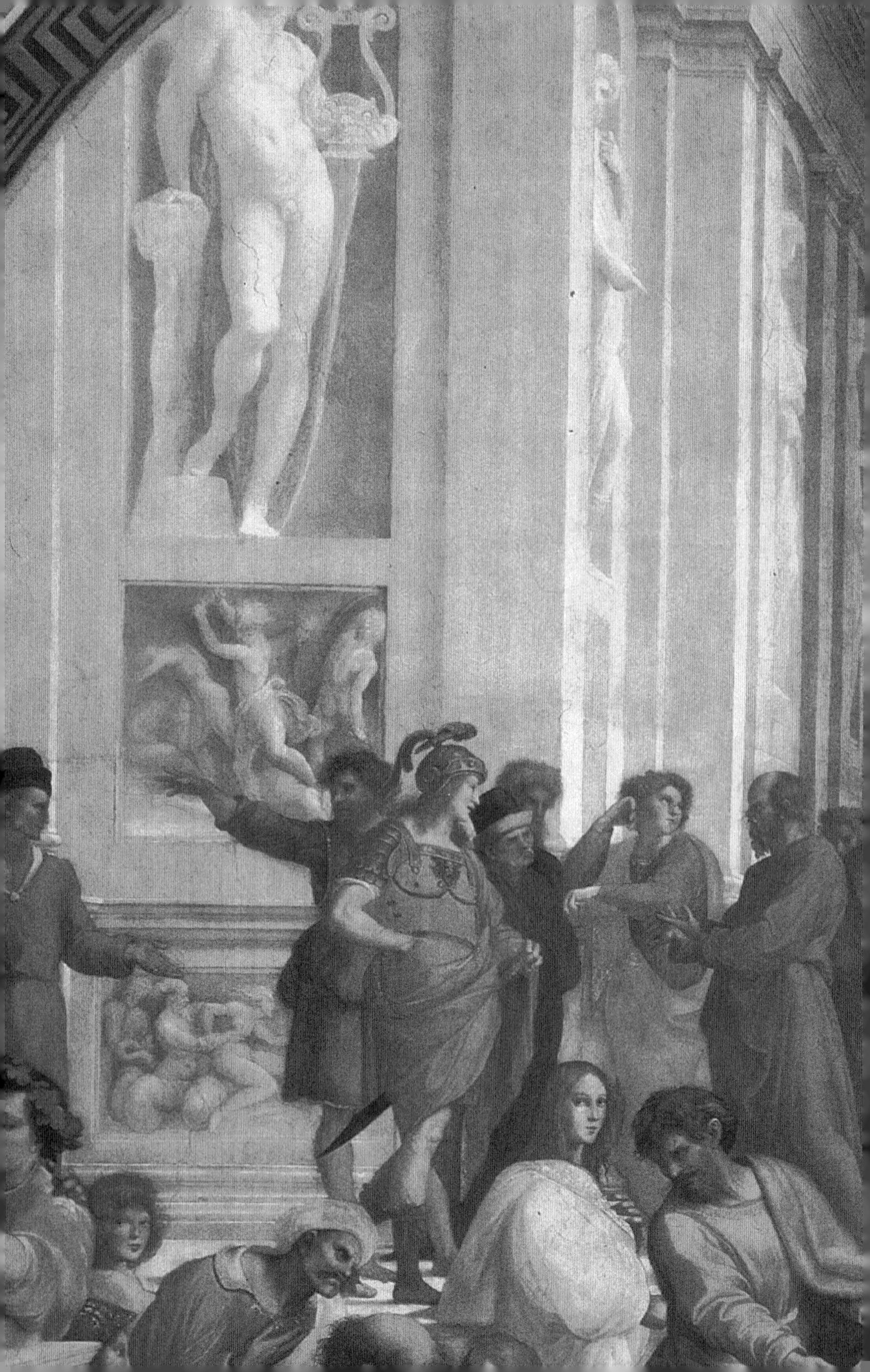

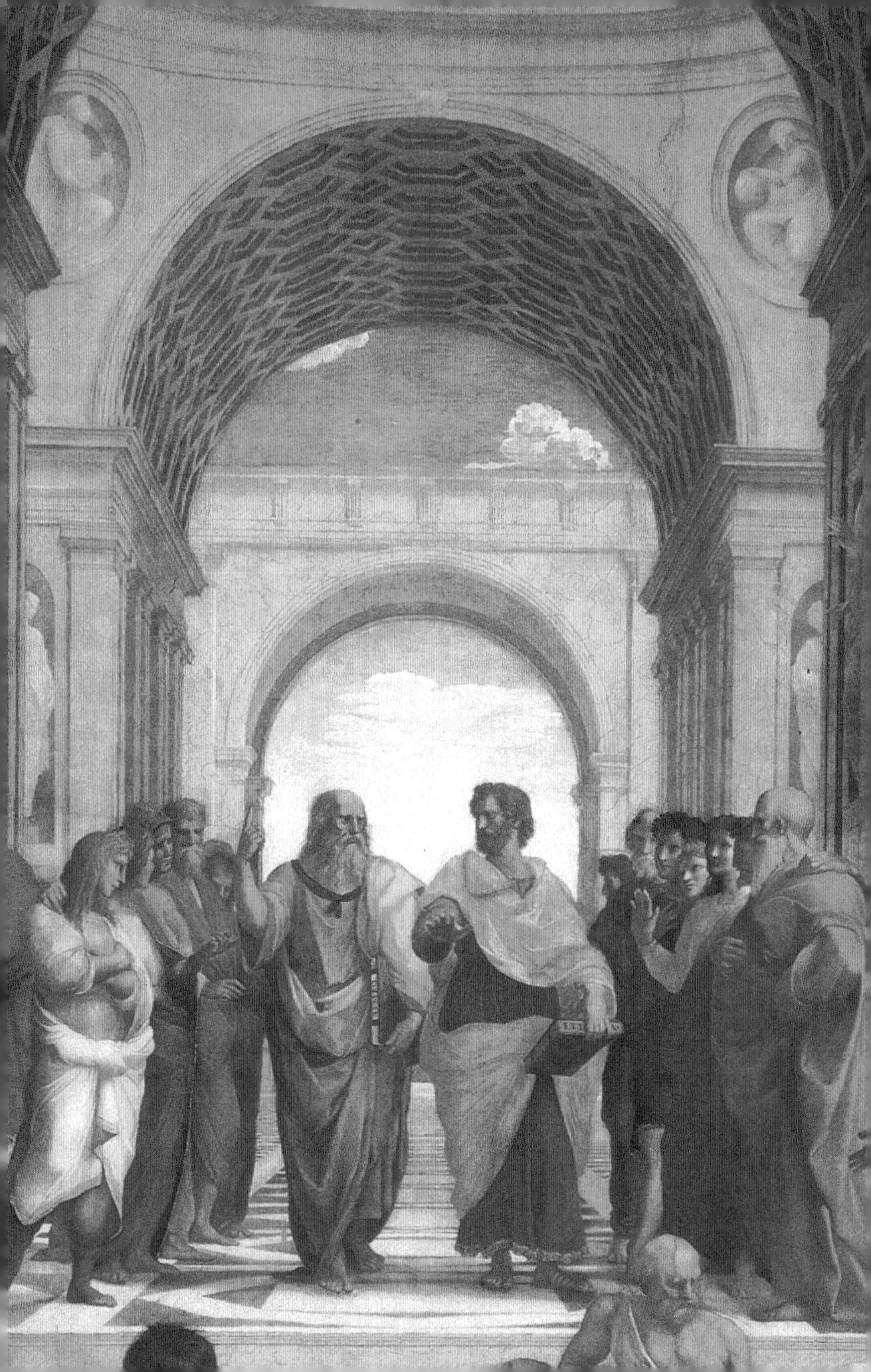

4

A patrística

A *patrística foi um movimento filosófico que antecedeu a escolástica, aproximadamente entre o século I e o século VII d.C.*

A grande novidade na patrística é a introdução da revelação de um Deus, *o Deus judaico-cristão, ou Jeová, e a presença encarnada de seu filho Jesus Cristo na Terra, aspecto que passou a dominar completamente o pensamento ético dos escritores mais importantes dessa fase.*

Como você estudou nos capítulos anteriores, os gregos antigos tinham diversos deuses, muitos deles antropomórficos em forma e comportamento, aos quais a grande maioria dos filósofos se opunha, incitando as pessoas a pensar por si mesmas, em vez de simplesmente aceitar verdades prontas reveladas pelas divindades. Durante a patrística, com a introdução de um Deus único, essa situação se reverteu, e o livre pensamento foi tido como perigoso, pois se acreditava que o homem sozinho não era capaz de resistir às forças da tentação e precisava da ajuda de Deus para ser bom.

Defendiam que todo conhecimento e sabedoria necessários estavam na Bíblia. O tom questionador e especulativo dos antigos filósofos gregos transformou-se, assim, em um tom autoritário, indicativo e ameaçador, que se dirigia diretamente ao leitor/ouvinte e lhe dizia, por meio de dogmas, que tipo de atitudes deveria ter e que castigos sofreria se não as tivesse.

Neste capítulo, vamos examinar especificamente a **ética patrística**. O termo *patrística* é uma homenagem a líderes cristãos cuja literatura floresceu a partir do ano 95 d.C. e que foram considerados os "pais" da Igreja. Também se refere à filosofia cristã daqueles primeiros séculos, mesmo quando não escrita por líderes religiosos.

A patrística é dividida em três grandes períodos: pré-niceno, niceno e pós-niceno.

    I. **Período Pré-Niceno (ou Anteniceno)** – Corresponde ao período antes do Concílio de Niceia (324 d.C.), do século I ao início do século IV. É importante observar que, do início desse período até aproximadamente o ano 200 d.C., a patrística se dedicou principalmente a defender o cristianismo contra seus opositores.

    II. **Período Niceno** – Corresponde ao período que compreende alguns anos antes e depois do Concílio de Niceia, ou do início até o final do século IV. Foi nesse período, até o ano 450 d.C., que surgiram os primeiros grandes sistemas da filosofia cristã.

III. **Período Pós-Niceno** – Compreende os anos que vão do século V ao século VII. Nessa fase, ocorreu principalmente a reelaboração das doutrinas dos períodos antecedentes.

De forma geral, a filosofia patrística foi um movimento que buscou esclarecer os próprios pressupostos cristãos para distingui-los do pensamento pagão, considerado herético, o que era feito mediante o uso da filosofia grega antiga como base para a busca da verdade – ainda que admitissem que esta não conseguira nem conseguiria encontrá-la, porque na Grécia antiga a verdade ainda não havia sido revelada por Deus, seu único detentor. Somente com a encarnação de Deus em Jesus Cristo a verdade se revelara à humanidade. A introdução do cristianismo no pensamento filosófico estabeleceu a verdade como algo absoluto e eterno, já que não era humana, mas sim divina. De certa forma, **foi um revés para a filosofia grega antiga**, que incitava ao pensamento, ao uso da razão e ao conhecimento da natureza, pois a **patrística incitava ao amor e temor a Deus e também ao respeito à sua verdade revelada por meio de dogmas.**

4.1
Divisões e nomes importantes na patrística

Na patrística, encontramos diversos pensadores e obras importantes. Fizeram parte desse grupo de pensadores **santos padres, padres e madres do deserto, eclesiásticos e apócrifos anônimos.**

Entre os **santos padres** está um dos maiores expoentes da patrística: Agostinho de Hipona, ou **Santo Agostinho**, como é chamado pelos católicos, o qual representa o sumo do pensamento ético cristão daquela época.

Agostinho de Hipona (Santo Agostinho)

Santo Agostinho *nasceu* em 354 e morreu em 431. Se tivéssemos que escolher uma única palavra para representar **o fundamento da ética de Agostinho, essa palavra seria** *amor*.

De modo geral, **para os filósofos gregos antigos,** o homem bom era aquele que conhecia a bondade e praticava as virtudes; sendo, portanto, capaz de praticá-las racionalmente. **Para Agostinho,** o homem bom era aquele que amava aquilo que devia ser amado e, quanto ao conhecimento, ou ao saber, bastava-lhe o que está na Bíblia: "Antes de tudo, irmãos caríssimos, amemos a Deus e também o próximo, pois estes são os dois principais mandamentos que nos foram dados." (Agostinho, 2012)

O **amor** que Agostinho defendia não era o mesmo amor que conhecemos hoje, no dia a dia e nas telenovelas, aquele que sentimos pelo cônjuge, pelos filhos, pelos pais, pelos grandes amigos, por objetos, por *status* ou situações; era, antes de tudo, **um amor divino, o amor por um Deus.**

Logo abaixo desse amor maior, na hierarquia de Agostinho, vem o amor entre os homens, e este deve se espelhar no amor a Deus, portanto deve ser um amor espiritual: "O amor entre vós não deve ser carnal, mas sim espiritual." (Agostinho, 2012)

O amor, como defendido por Agostinho, não deve ter uma explicação, um motivo ou uma justificativa, como em: "amo porque é minha esposa", ou "amo porque é meu pai", ou "amo porque é meu amigo". **Devemos amar alguém apenas por ser semelhante**, irmão, filho de um mesmo Deus; devemos amar a todos os seres humanos, inclusive os feios, os maus, os chatos e até os inimigos.

O que Agostinho nos diz é que o homem, para ser bom, não deve amar pela aparência, pelo perfume ou pelo prazer físico, mas sim pela espiritualidade do ser, do irmão em Deus; deve amar o outro como se fosse um "outro eu", filho do mesmo pai. Agostinho falava de amar a Deus acima de todas as coisas e, embora defendesse que o homem pode escolher fazer isso ou não, deixou implícita uma ameaça: "Acaso é pequeno o castigo de não te amar?" (Agostinho, 2007, p. 3)

Agostinho **condenava o amor não espiritual**, gerado pela atratividade da aparência, do *status*, das paixões e vontades humanas:

> *Todos os corpos formosos, o ouro, a prata, e todos os demais têm, com efeito, seu aspecto atraente. No contato carnal intervém grandemente a congruência das partes, e cada um dos sentidos percebe nos corpos certa modalidade própria. Também a honra temporal e o poder de mandar e dominar têm seu atrativo [...]* (Agostinho, 2007, p. 15)

Há, porém, uma diferença entre a **atratividade da aparência física** das coisas e a **atratividade de certos sentimentos e paixões**. As primeiras são atraentes por si mesmas e as segundas se tornam atraentes em razão da tendência natural do homem para o mal: "Alegria esta gerada pela embriaguez com que este mundo esquece de ti, seu criador, e em teu lugar ama tua criatura; embriaguez que nasce do vinho sutil de sua perversa e mal inclinada vontade para as coisas baixas." (Agostinho, 2007, p. 14)

Agostinho acreditava que a tendência inata para o mal é tão forte no homem que, em suas *Confissões*, admitiu que o mal não precisava ter um fim nem um propósito, pois reconhecia que o que ele queria era o mal mesmo, por si mesmo: "que este meu coração te diga agora que era o que ali buscava, para fazer o mal gratuitamente, não tendo minha maldade outra razão que a própria maldade." (Agostinho, 2007, p. 15)

Agostinho explicou melhor essas paixões e vontades com exemplos de sua época:

> *crimes perpetrados com desejo de causar o mal, quer por agressão, quer por injúria; e ambas as coisas, ou por desejo de vingança, como ocorre entre inimigos, ou por alcançar algum bem sem trabalhar, como o ladrão que rouba ao viajante; ou para*

> *evitar algum mal, como acontece com o que teme; ou por inveja, como quando um miserável quer mal ao que é mais feliz, ou ao que conseguiu riquezas, temendo ser igualado ou que já lhe sejam iguais; ou unicamente pelo prazer de ver o mal alheio, como acontece com o espectador dos combates dos gladiadores, ou com o que se ri e zomba dos outros. Tais são os princípios ou fontes de iniquidade, que nascem da paixão de mandar, de ver ou de sentir, quer de uma só dessas paixões, ou de duas, ou de todas juntas.* (Agostinho, 2007, p. 24)

Mas Agostinho foi muito mais longe do que apenas apontar as paixões como uma tendência inata do homem ao mal: ele discerniu a atitude do homem só da atitude do homem em grupo.

Quando em grupo, o homem tem certa **vaidade** e, em se tratando de um grupo de homens fazendo coisas más, o indivíduo deseja ser também aceito e admirado por sua maldade, sendo capaz até de sentir vergonha se não conseguir ser tão mau quanto os outros. E ele esclarece:

> *me precipitava com tanta cegueira, que me envergonhava entre os companheiros de minha idade, de ser menos torpe do que eles. Os ouvia jactar-se de suas maldades, e gloriar-se tanto mais quanto mais infames eram; assim eu gostava de fazer o mal, não só pelo prazer, mas ainda por vaidade.* (Agostinho, 2007, p. 14)

Por outro lado, longe da busca de aceitação por um grupo, longe do exercício da vaidade e da vontade de ser admirado por outros, ou seja, quando sozinho, o homem não pratica muitos desses males:

> *Porém, por que me deleitava o não perpetrar sozinho o roubo? Acaso alguém se ri facilmente quando está só? Ninguém o faz, é verdade; [. . .] Porque a verdade é que eu sozinho nunca teria feito aquilo; não,* EU SOZINHO JAMAIS FARIA AQUILO. *Tenho viva, diante de mim, meu Deus, a lembrança daquele estado de alma, e repito que eu sozinho não teria cometido aquele furto, do qual não me deleitava o objeto, mas a razão do roubo, o que, sozinho, não me teria agradado de modo algum, nem eu o*

> *teria feito. Oh amizade inimiga! Sedução impenetrável da alma, vontade de fazer o mal por passatempo e brinquedo, apetite do dano alheio sem proveito algum e sem desejo de vingança! Só porque sentimos vergonha de não ser sem-vergonha quando ouvimos; "Vamos! Façamos!"* (Agostinho, 2007, p. 17-18, grifo nosso)

O *mal*, para Agostinho, não era criação de Deus, era apenas a **ausência do bem** nas atitudes humanas, pois o bem só pode emanar de Deus; portanto, **o mal é a ausência de Deus**. "Escuta-me, ó meu Deus! Ai dos pecados dos homens! E quem isto te diz é um homem, e tu te compadeces dele porque o criaste, e não foste autor do pecado que nele existe." (Agostinho, 2007, p. 5)

Agostinho afirmava que, antes de conhecer a Deus, não conhecia a realidade nem sabia o que era o mal:

> *Não conhecia eu outra realidade – a verdadeira – e me sentia como que movido por um aguilhão a aceitar a opinião daqueles insensatos impostores quando me perguntavam de onde procedia o mal [...] não sabia que o mal é apenas privação do bem, até chegar ao seu limite, o próprio nada.* (Agostinho, 2007, p. 23)

Logo, para ser bom, o homem devia amar a Deus sobre todas as coisas, pois este mantém o mal afastado e, sendo assim, a justiça dos homens, baseada nos costumes (a moral), não tem grande valor: "não conhecia tampouco a verdadeira justiça interior, que não julga pelo costume, mas pela lei retíssima do Deus onipotente". (Agostinho, 2007, p. 23)

Outros pensadores patrísticos

Entre os santos padres e os padres e madres do deserto, há um número muito grande de nomes, os quais, com exceção de Agostinho, que se tornou popular a ponto de se destacar, formam uma massa de pensadores praticamente impossível de ser apresentada com menos de alguns milhares de páginas. No entanto, embora tenham cada um seu ponto de vista ético, sua perspectiva individual, admite-se que a essência de seus fundamentos é muito bem representada pelo pensamento de Agostinho, se fosse necessário escolher um só representante. **Uma explicação para essa ética homogênea é a sua origem em uma única fonte: a Bíblia.**

Isso significa que os mesmos preceitos éticos de Agostinho (cuja essência é o amor) são o fundamento do discurso da maioria dos pensadores da patrística, ainda que muitas vezes não mencionem o amor explicitamente como a base de tudo, ou deixem o amor apenas subtendido. Para exemplificar essa unidade de pensamento, vamos citar alguns exemplos: padre Basílio Magno de Cesareia, padre e santo João Crisóstomo e Evágrio Pôntico.

I. Basílio Magno de Cesareia – Esse padre ficou conhecido por seu pensamento contundente sobre a relação entre os ricos e os pobres, sobre a propriedade e a escravidão. Seus textos mais conhecidos raramente mencionam a palavra *amor*, como o fez Agostinho, mas, no final de uma análise, é fácil perceber que tanto Agostinho quando Basílio pregavam atitudes semelhantes e que levariam aos mesmos resultados, fosse sob a bandeira do amor, fosse sob uma outra qualquer. Essa parte implícita e coincidente entre os pensadores da patrística é a **ética cristã**.

Um bom exemplo pode ser observado no discurso de Basílio:

> *Se, pois, as riquezas te parecerem uma grande coisa pela honra que delas deriva, reflete quanto é mais vantajosamente honrável ser chamado pai de inumeráveis filhos do que ter dinheiro na bolsa [...] Dispõe generosamente das tuas riquezas, sê ambicioso e generoso no dispensar a quem tem necessidade [...] Não vendas a preço muito alto aproveitando da necessidade, não esperes a carestia para abrir os celeiros, porque o povo maldiz quem retém o trigo.* (Cesareia, 1999, p. 4)

Sem dúvida Basílio aponta para o mesmo bem comum que Agostinho, a diferença é que este justifica essa atitude pelo amor a Deus e pelos irmãos, enquanto aquele apenas indica o contrário dessas virtudes como inadmissível. Essa característica denota um tom de acusação, de advertência, que marcou o discurso de muitos santos padres, e também dos padres e madres do deserto, diferentemente de Agostinho, que preferia incentivar o amor a repreender sua ausência.

> *Em tudo e por tudo, só vês ouro: imaginas o ouro; dormindo, sonhas com ouro; desperto, o cobiças. Como quem está atacado pela febre não vê a realidade, mas delira por causa do mal, assim tua alma, possuída pela cobiça das riquezas, vê, em tudo, ouro e prata. A vista do ouro te é mais importante do que a do sol. Fazes voto para que tudo se transforme em ouro para que possas obtê-lo.* (Cesareia, 1999)

II. João Crisóstomo – Santo bispo e doutor da igreja, seus textos podem ser considerados um outro exemplo de ética cristã patrística, embora ele não se utilizasse da palavra *amor* com a mesma frequência encontrada em Agostinho. No entanto, João Crisóstomo, admirado com a escravidão e a exploração nas cidades e nos campos, denunciava o abismo entre o mundo de ostentação do rico e o da miséria dos pobres. A sua ética questionava bens materiais como joias de metais e pedras preciosas, cujo valor poderia alimentar milhares de pobres: "'Como é possível isto [fugir da tirania do dinheiro]?', dir-me-eis. Metendo no vosso coração outro amor diferente: o amor dos céus. Aquele que aspira à realeza, despreza a avareza". (das *Homilias sobre São Mateus*, 12,6, citado por Ecclesia, 2013)

III. Evágrio Pôntico – Este pensador alude aos mandamentos e aos pecados, o que você poderá constatar nas frases que compilamos de sua obra *Sobre os oito vícios capitais*, traduzida por Carlos Martins Nabeto:

- Uma terra não cultivada gera espinhos e de uma mente corrompida pela gula germinam maus pensamentos.
- O corpo indigente é como um cavalo dócil que jamais derrubará o cavaleiro; [o cavalo], com efeito, dominado pelas rédeas, se submete e obedece à mão daquele que as detém; assim, o corpo, dominado pela fome e pela vigília, não reage por um pensamento que o cavalga, nem relincha excitado pelo ímpeto das paixões.
- Aproxima-te antes do fogo ardente que de uma mulher jovem, sobretudo se também és jovem.
- A avareza é a raiz de todos os males e nutre, como arbustos malignos, as demais paixões, não permitindo que estas se sequem, eis que florescidas daquela.
- A ira é uma paixão furiosa que, com frequência, faz perder o juízo àqueles que têm o conhecimento, embrutece a alma e degrada todo o conjunto humano.
- Aquele que domina as paixões se tornará senhor sobre a tristeza, enquanto aquele que for vencido pelo prazer não se desatará das suas ataduras.
- A vanglória é uma paixão irracional que facilmente se enraíza em todas as obras virtuosas.
- A soberba é um tumor da alma, cheio de pus. Se maduro, explodirá, emanando terrível fedor.

Fonte: Elaborado com base em Evágrio..., 2013.

Características básicas da ética patrística

A palavra-chave da **ética patrística** é *compartilhar*. Essa ideia foi apresentada em forma de denúncia: do egoísmo, da avareza, da ganância e da futilidade daqueles que acumulavam riquezas.

Compartilhar era mais importante do que qualquer outra coisa, inclusive do que ter liberdade, pois esse tema era muito debatido diante do fenômeno da escravidão. Consideravam o acúmulo de riquezas e a escravidão como frutos do pecado, da ausência de Deus, que é a única fonte de bondade e sabedoria. Por intermédio de Deus, o homem poderia viver em comunhão, sob uma igualdade social e econômica.

Outra característica marcante da ética patrística é o seu **embasamento nos *dez mandamentos* e nos pecados capitais**. Segundo Cassiano de Roma, um padre do deserto, a atitude humana condenável, está geralmente associada:

- à **gula**, em oposição à continência do estômago;
- à **fornicação**, em oposição à fidelidade marital;
- à **avareza**, em oposição ao desprendimento, à caridade e ao compartilhamento;
- à **ira**, em oposição ao amor e à bondade;
- à **vaidade**, em oposição à humildade, e assim por diante.

Uma observação interessante sobre a ética patrística é o fato de que todos os textos deste período apresentam uma retórica marcante. Eram textos racionalmente elaborados, refinados, com muitos exemplos, comparações, parábolas, metáforas e todo um conjunto de pensamentos muito bem expostos que têm o poder de convencer o leitor.

No entanto, ao mesmo tempo que utilizavam esses recursos intelectuais, recomendavam que o leitor não confiasse no raciocínio, que ele aceitasse passivamente e sem questionamento a verdade revelada por Deus. Portanto, foi uma **ética** que contrariou muito o pensamento anterior dos gregos, que incitava ao pensamento, ao discernimento entre as virtudes e os vícios por meio da reflexão individual, a qual eles acreditavam ser possível a todo homem.

Um elemento típico da patrística são **as frases de impacto**. Por exemplo, as coisas condenáveis são comparadas a tumores, fedor, podridão, derrota, sofrimento, dor, escuridão etc. As coisas aprovadas e desejáveis são comparadas à luz, paz, alegria, vitória, graça etc.

As principais diferenças entre a patrística e a filosofia grega antiga

A *patrística propõe* uma concepção de vida e de ética muito distinta da filosofia grega antiga. Foi uma grande ruptura. Podemos observar isso no estilo, na linguagem, na concepção sobre o homem e seu livre pensar sobre o divino, entre outros aspectos do cotidiano.

Por que afirmamos que usaram um *estilo* muito diferente da ética grega antiga?

- O **típico filósofo grego** apresentava um parecer sobre algo observado. Ele ia muito além de simplesmente relatar os males ou os benefícios de algo, ele buscava refletir sobre por que e como algo acontecia, realizando uma progressão de pensamentos lógicos rumo a um entendimento da atitude humana. No final, ainda deixava questões em aberto para seu discípulo ou leitor "treinar" a arte de pensar e, quem sabe, apresentar novas perspectivas acerca do que foi discutido.

- Na **patrística**, as coisas foram apresentadas em forma de dogmas, de preceitos sagrados sob uma visão e uma perspectiva únicas, sem nenhuma exploração de possibilidades paralelas ou sequências lógicas de pensamentos: se um homem fez algo errado, fez porque pecou segundo sua natureza, e isso é pecado porque Deus disse que é. Não havia mais nada para se discutir, mesmo porque certas discussões também poderiam ser pecaminosas.

Um indício claro dessa diferença está nas próprias formas de *linguagem* utilizadas:

- Um **grego antigo** diria algo como: "O homem bom costuma fazer..." ou "O objetivo final do ser virtuoso é..."
- **Na patrística**, o tom era indicativo, autoritário e restrito, dirigido diretamente ao leitor: "Faz somente as coisas que agradam ao Senhor" ou "Nunca se entregue a...". Quando o tom indicativo e autoritário relaxava, estavam presentes em seu lugar a retórica e certas comparações muitas vezes falaciosas, como: "O colibri não tem seu alimento todos os dias?" ou "O Sol não nasce para todos os homens?".

Outro elemento novo da patrística em relação à ética grega antiga foi o *castigo*:

- Em seus discursos, os **filósofos gregos** discutiam os males que as atitudes humanas não virtuosas podiam causar aos homens e à comunidade.
- **Na patrística**, os pensadores asseguram, garantem e prometem, de modo dogmático, os mais terríveis castigos e punições aos indivíduos por suas atitudes, fazendo uso dos métodos já discutidos de retórica e persuasão.

Se os **gregos antigos** romperam de alguma forma com os deuses, passando a criticar uma ética baseada em deuses à imagem humana, incitando as pessoas a pensar melhor, pensar corretamente, pensar com profundidade; **na patrística**, a revelação de um novo deus, um único deus responsável por apresentar todas as leis e mandamentos, fez com que o pensamento livre, o questionar e o refletir sob diversos pontos

127

de vista se tornassem um problema e não uma solução para a conduta humana, como acreditavam os primeiros filósofos gregos.

Os **gregos antigos trataram o ser humano como uma coletividade de indivíduos**, unidos por uma necessidade de socialização, em busca de um fim último de felicidade. Para obter esse fim último, era preciso estudar e conhecer o ser humano e sempre considerar as peculiaridades de cada um e as circunstâncias dos casos concretos, de modo a se deliberar e posteriormente decidir sobre o que era o melhor para todos.

Na **patrística, as pessoas passaram a ser comparadas a rebanhos de ovelhas.** Havia pastores, ou "o grande pastor", cujo código de ética o rebanho deveria seguir à risca, sem levar em conta suas características individuais ou as circunstâncias do caso concreto.

Assim, a conduta humana, na concepção patrística, deveria ser norteada por um conjunto de regras positivas (o que fazer) e negativas (o que não fazer), de forma independente das variáveis do momento. A prometida felicidade não seria para todos, mas apenas para o indivíduo que cumprisse essas normas à risca, pois qualquer pequeno desvio levaria seguramente a desvios maiores e aos castigos correlatos. Se um alimento era proibido, ele o era em qualquer circunstância, sendo preferível a morte pela fome à traição; se uma ação era proibida, ela o era igualmente em qualquer circunstância, sendo preferível a morte de milhares de pessoas à quebra de um mandamento.

A única maneira de evitar que o cumprimento cego de uma norma resultasse em males maiores seria utilizar a capacidade racional do indivíduo para considerar os aspectos envolvidos e deliberar sobre os casos em particular, mas isso requeria pensar, como recomendavam os gregos antigos, e pensar estava fora de cogitação para o sucesso dos dogmas da patrística.

Enfim, dar aos indivíduos a liberdade de pensar, racionalizar e questionar significaria também dar-lhes liberdade de questionar os próprios dogmas, a própria doutrina, e isso não era interessante para os propósitos da Igreja.

Síntese

A *patrística floresceu* entre o século I e o século VII a.C., seguindo-se ao estoicismo/helenismo e antecedendo a escolástica. Seu maior expoente foi Santo Agostinho. Além deste, uma grande massa de santos padres, padres e madres do deserto, eclesiásticos, apócrifos e anônimos constituiu a filosofia daquele período, fundamentada na sabedoria da Bíblia – a origem comum. Esse fator explica a unidade de pensamento em torno dos mesmos conceitos de Agostinho, embora este tenha dado uma ênfase maior ao amor em relação aos demais. No entanto, todos apresentaram discursos imbuídos dos princípios da fé, da esperança e do amor. A patrística representou uma ruptura com o pensamento filosófico grego e introduziu algumas novidades na *ética*:

- um deus único que revela a verdade até então desconhecida pelo homem;
- o não incentivo ao pensamento, ao questionamento e à razão própria individual;
- os dogmas apresentados com um tom ameaçador, dirigido diretamente ao leitor/ouvinte, seguidos da enumeração de castigos para quem não os seguisse.

Indicações culturais

Filmes

SANTO AGOSTINHO. Direção: Roberto Rosselini. Roma: Luce, 1972. 121 min.

Trata-se de uma cinebiografia de Agostinho de Hipona (354-430). Nesse filme, que apresenta uma tratativa séria, caracterizada pelo rigor histórico e pelo realismo, os cineastas incluíram: entrevistas com filósofos e escritores, análises textuais esclarecedoras do legado de Santo Agostinho; o processo de elaboração de suas obras literárias, em que se destaca CONFISSÕES e CIDADE DE DEUS. Podemos apreciar no filme o combate que ele travou com os heréticos, a sua oratória e as suas ideias.

Livros

COUTO, M. A. **Patrística**: caminhos da tradição cristã. São Paulo: Paulus, 2008.

Trata-se de um livro introdutório sobre o pensamento dos padres santos dos padres e madres do deserto, além de Santo Agostinho. O livro percorre as linhas de pensamento dos primeiros teóricos da cristandade e deixam clara a posição pela construção de dogmas que possibilitassem a vida monástica comum, entre os primeiros cristãos.

Sites

COCP – Central de Obras do Cristianismo Primitivo. Disponível em: <http://cocp.50webs.com>. Acesso em: 3 set. 2012.

Nesse SITE *é possível ter contato com textos e obras cristãs dos nove primeiros séculos e conhecer melhor o cristianismo primitivo e o pensamento dos grandes santos e escritores eclesiásticos. Estão disponíveis também textos originais de santos padres, padres e madres do deserto, apócrifos, canônicos, anônimos e outros textos da patrística.*

Atividades de autoavaliação

1. Agostinho, considerado o maior expoente da patrística, revela em sua obra o sumo do pensamento geral da grande maioria dos pensadores cristãos daquela época. No entanto, ele apresenta esse pensamento de uma maneira fortemente baseada:
   a) nas virtudes racionais humanas.

b) no amor a Deus e aos semelhantes.
c) na luta contra o mal.
d) na resistência às tentações.

2. O fato de muitos pensadores da patrística exibirem discursos semelhantes é devido:
   a) à sua convivência diária em mosteiros.
   b) à fidelidade às ordens do Papa.
   c) à origem comum na Bíblia.
   d) ao domínio do grego e do latim.

3. Uma das maiores novidades na patrística em relação aos períodos anteriores é:
   a) a introdução de um Deus único que revelou a verdade.
   b) a pregação do livre pensamento e do questionamento de tudo.
   c) a ideia de uma vida moderada como o melhor caminho.
   d) a necessidade de evitar os confrontos ideológicos.

4. Com relação à ética dos períodos anteriores, a patrística tem um discurso mais:
   a) autoritário, ameaçador e retórico.
   b) poético, lírico e suave.
   c) intenso, militarizado e organizado.
   d) obscuro, místico e mágico.

5. Pensar filosoficamente, admirar-se e questionar eram consideradas:
   a) atitudes condenáveis e perigosas.
   b) atitudes recomendada pelos santos padres.
   c) atitudes comuns entre os padres e madres do deserto.
   d) atitudes de amor a Deus e aos semelhantes.

Atividades de aprendizagem

Questões para reflexão

1. Considerando-se o fato de que a ética patrística, embora fosse representada por diversos pensadores, tem a Bíblia como única fonte, adota dogmas, utiliza um tom ameaçador com prescrição de penas e castigos para quem não seguir os preceitos éticos determinados e, sobretudo, condena o livre pensamento e o questionamento, ela não contradiz os princípios da própria filosofia? Se a ética é o estudo das atitudes humanas, como se pode chamar de ética um conjunto de dogmas e preceitos estabelecidos sem a concessão da liberdade para um estudo efetivo? Até que ponto é correto dizer que a patrística é um período ou escola da filosofia?

   Trazendo essa reflexão para o tempo presente (atual), no qual, como sabemos, ainda existem dogmas e restrições ao livre pensamento, podemos dizer que a postura dogmática dos pensadores da patrística pode ser chamada de *filosofia*? Pode-se chamar de *filósofo* ou *detentor* de uma forma de vida filosófica o homem que vive sob dogmas inquestionáveis?

2. Tomando o exemplo dos dogmas e das restrições ao livre pensamento na patrística, é possível compreender que esse controle era exercido para alinhar as massas aos objetivos da Igreja, que precisava da unificação e da coesão dos fiéis. Trata-se claramente de um método de alienação, ou seja, de tornar as pessoas desinformadas e desencorajadas de investigar a verdade por si próprias. Mais que isso, trata-se de um método para condicionar as pessoas, a ponto de elas reagirem com desdém, deboche ou ira diante da exposição de uma verdade que contrarie os seus dogmas.

Que outros métodos de alienação existem e são utilizados na atualidade? Como pensar sobre isso filosófica e eticamente?

Atividades aplicadas: prática

Neste capítulo sobre a patrística, você viu que muitas vezes o pensamento dos santos padres consistia em cumprir à risca os mandamentos bíblicos e manter-se livre dos pecados capitais. Contudo, por serem normas rígidas e por não haver liberdade para o questionamento individual acerca da situação de um caso concreto, essas normas podiam trazer resultados piores. Por exemplo, o mandamento "Não matarás", se cumprido por uma pessoa de forma incondicional e sem considerar as circunstâncias, pode resultar na morte de dezenas, centenas ou milhares de pessoas. Imagine uma situação em que um policial tivesse um terrorista na mira e este, por sua vez, possuísse um controle remoto na mão, com a intenção de acionar uma bomba colocada em um lugar onde estão milhares de pessoas. Pela ética dos gregos antigos, o ser deveria usar seu raciocínio e sua sabedoria, levando em conta as circunstâncias, para deliberar sobre o que seria melhor para todos; na patrística, o ser deveria simplesmente não apertar o gatilho, aliás, nem usar uma arma, e assim o terrorista teria sucesso.

Questão a ser estudada:

Quais os perigos e as desvantagens da imposição de regras rígidas, pelas quais não se consideram as circunstâncias envolvidas em um caso concreto? Como solucionar isso?

Proposta:
1. Entreviste algumas pessoas, amigos, parentes ou colegas, explique esse contexto e pergunte se já viveram ou souberam de alguém que viveu uma situação na qual considerar uma regra rígida ao pé da letra tenha causado problemas, males ou desconfortos.
2. Redija um pequeno texto sobre sua descoberta nas entrevistas. Além de contar o caso, comente como poderia ter sido diferente se a pessoa tivesse tido liberdade ou autonomia para considerar todas as circunstâncias daquele momento e decidir o que fazer de modo racional, adaptando aquela regra rígida à realidade do momento. Explique o que você faria no lugar dessa pessoa.

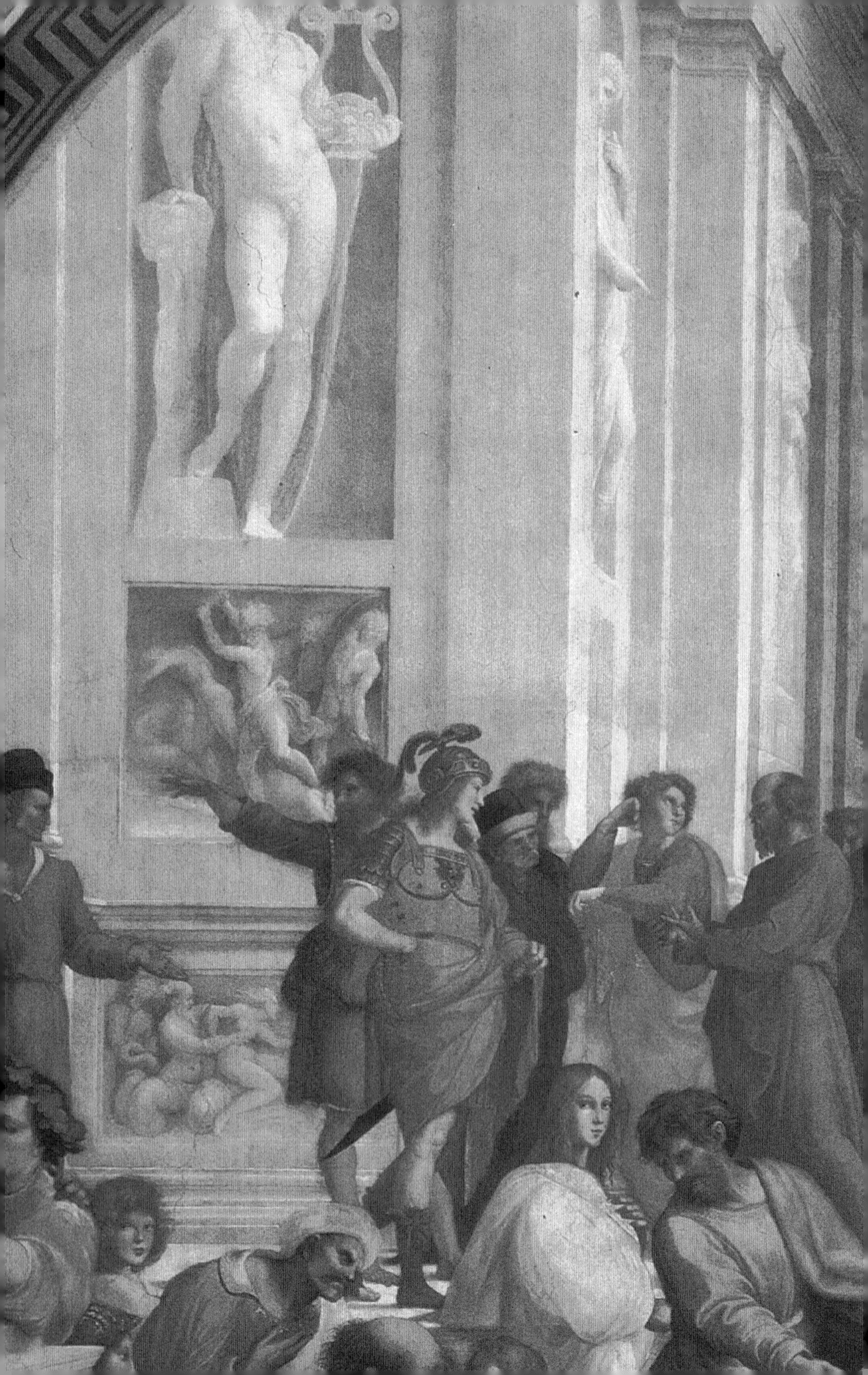

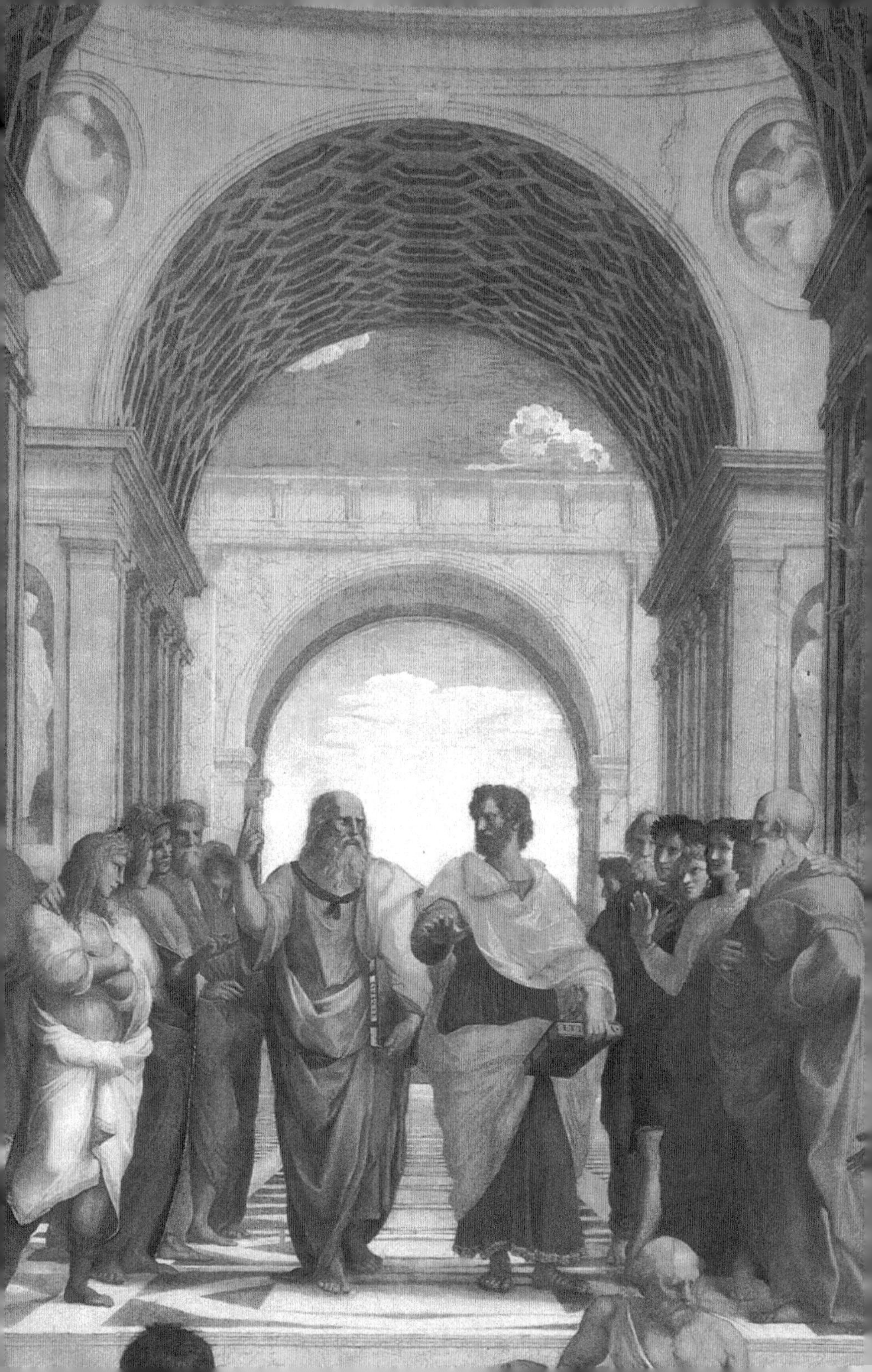

5

A escolástica

A filosofia cristã compreende três fases: a patrística, a escolástica e a escolástica pós-medieval. O que diferenciou essas fases?

- Como vimos anteriormente, a **patrística** foi a filosofia dos primeiros doutores da Igreja, que, em luta contra o paganismo e as heresias, se utilizaram da filosofia grega, especialmente do platonismo e do neoplatonismo, na formulação, elucidação e defesa do dogma.
- A **escolástica**, por sua vez, surgiu para resolver um outro problema: **as diferenças dentro do próprio cristianismo.**

A palavra *escolástica* tem sua origem relacionada aos escolásticos, que eram aqueles que ensinavam as artes liberais em escolas, as quais constituíam na época o trívio (gramática, retórica e dialética) e o quatrívio (aritmética, geometria, astronomia e música). Para aliar a religião com esses temas ensinados nas escolas, os escolásticos se esforçavam para contextualizar essas duas esferas, nem sempre de forma homogênea, pois uns davam preferência à **religião**, como Agostinho, e outros à **razão**, como Tomás de Aquino.

Os **maiores expoentes do pensamento escolástico** foram justamente esses dois pensadores. Além deles, podemos citar: Anselmo de Cantuária, Alberto Magno, Robert Grosseteste, Roger Bacon, Boaventura de Bagnoreggio, Pedro Abelardo, Bernardo de Claraval, João Escoto Erígena, João Duns Scot, Jean Buridan, Nicole Oresme.

Mas, para entendermos melhor o papel desses filósofos ou escolásticos, precisamos atentar ao contexto em que desenvolveram seu trabalho. No mundo moderno romano, até a conversão de Constantino, no século IV, os cristãos representavam a minoria, a oposição, e lutavam contra o politeísmo tradicional e a escravidão. Na Idade Média, a situação histórica se alterou radicalmente, pois o mundo tornou-se cristão, quer dizer, determinado pelo cristianismo na totalidade de suas manifestações. As divergências ocorriam em um mesmo contexto espiritual e não punham em dúvida o fundamento desse mundo, o conteúdo da revelação, o dogma. As exigências que se apresentavam aos filósofos cristãos já não eram de combate ao paganismo. Tratava-se de pensar em um mundo convertido, configurado em função das crenças e dos valores cristãos e suas mutações ou distorções.

5.1
Os diferentes períodos da escolástica

A *escolástica é* uma linha, uma corrente, uma escola dentro do período medieval da filosofia e estende-se do início do século IX até finais do século XVI, compreendendo aproximadamente 500 anos. Muitos historiadores determinam o final do período escolástico com a descoberta da América, em 1492.

Tivemos, então, ao longo desse período:
- **A escolástica primitiva** – **Período Pré-Tomista** (antes de Tomás de Aquino), que se estendeu do século IX até a metade do século XIII, no qual predominou uma filosofia com tendência teológica-agostiniana (de Agostinho).
- **A escolástica média** – Corresponde às escolas da metade do século XIII. Esse segundo período foi dominado pelo pensamento de Tomás de Aquino, sob uma aplicação da filosofia de Aristóteles.
- **A escolástica tardia** – Professada pelas escolas filosóficas do século XIV até o século XIV. Nesse terceiro período, a escolástica assumiu um tom de metafísica, com certo retorno ou reavivamento do pensamento agostiniano, que possuía certas tendências para a experiência e para o pensamento concreto, abrindo as portas para o pensamento moderno e o desenvolvimento da ciência.

A principal marca da filosofia escolástica foi a perda das características clássicas e helênicas das escolas anteriores e a forte incorporação de elementos da cultura judaica e cristã.

Período pré-tomista – escolástica primitiva

A *escolástica surgiu* para responder filosoficamente à fé cristã, a qual se tornara um fator de unificação da Europa por intermédio da Igreja.

A filosofia grega não contemplava os temas introduzidos pelo cristianismo, como a criação do mundo a partir do nada, a revelação divina, a salvação, a redenção e a providência, os quais foram então tratados pela escolástica.

A escolástica também pode ser dividida em duas correntes: a corrente mística e a dialética. Essa divisão se torna mais clara a partir do século XI até o final do século XII.

Os **dialéticos** manifestaram naquela época uma espécie de renascimento especulativo do pensamento de João Scoto Erígena, que tentava realizar uma síntese dialética e racional entre o neoplatonismo e o criacionismo cristão.

Já a **corrente mística** atacava a corrente dialética, dizendo que se tratava de um resíduo pagão, uma forma de distração mundana, de orgulho e de vaidade. A ética da corrente mística que dominou a escolástica fazia referência a um Deus onipotente, perfeito e, portanto, acima de qualquer especulação racional. **O que acreditavam e defendiam pode ser resumido da seguinte forma**:

- rejeitam o pensamento profano como um perigo, um luxo inadequado para o homem bom.
- aceitam como postura adequada aquela advinda da compreensão de que a sabedoria verdadeira, necessária e única é a humildade, o profundo conhecimento de sua própria miséria no mundo, a compaixão pela miséria do outro e a contemplação de Deus.

Com a frase "Creio para compreender", Anselmo de Aosta expressava seu pensamento de que, antes de tudo, é necessário ter fé, contemplar a revelação divina, para somente depois aprofundar-se em sua compreensão mediante a razão. Logo, **o homem bom é aquele que parte da fé em direção à razão.**

Você deve estar pensando que isso é óbvio, pois não há muita novidade em atribuir à **revelação divina a fonte da ética** – isso já era feito na patrística. A **novidade na escolástica** está associada à institucionalização da Igreja e de seus departamentos, como as escolas, que, como organizações, precisavam de fundos para se manter. Com isso, se antes o esforço do homem bom (cristão) era direcionado à caridade direta, à doação direta aos necessitados, agora esse esforço deveria ser voltado à Igreja, o novo alvo das doações, como uma forma de caridade indireta.

Entre as ideias escolásticas, havia a máxima "*Facere quod in se est*", que significa algo como "Faze o melhor que podes". Esse princípio se aplicava no esforço de amar e agradar a Deus acima de todas coisas, mas a demonstração desse esforço era totalmente orientada para a Igreja, pois havia uma espécie de "apetite divino" insaciável. Isso ficava latente na orientação dada pela Igreja para uma constante e intensa veneração a santos, peregrinações, indulgências, relíquias, purgatório, doações, sacrifícios, entre outras atividades e outros fenômenos com que os fiéis deveriam se envolver para demonstrar sua fé.

A grande dúvida diante da máxima "Faze o melhor que podes" era "Será que fiz o melhor que posso?" ou "Qual é a medida do melhor que posso?", e a resposta geralmente era "Tenta fazer melhor ainda". Se um grego antigo era capaz de obter sua estabilidade ética ao atingir a *eudaimonia*, como vimos em capítulos anteriores, o homem do período da escolástica não tinha um *status* para ser atingido, mas sim uma orientação de esforço contínuo e crescente.

Essas concepções fizeram com que os homens caíssem **em um problema circular**, pois, embora se esforçassem para fazer o melhor que podiam, o apetite divino nunca era saciado – **o homem não conseguia alcançar uma plenitude ética, pois estava sempre devendo algo ao divino.**

Principais filósofos desse período e suas características

Na escolástica pré-tomista, os **expoentes** da corrente mística foram Pedro Damião (São Pedro Damião) e Bernardo de Claraval (São Bernardo de Claraval). Entre os maiores expoentes da corrente dialética, encontramos Anselmo de Aosta ou da Cantuária (Santo Anselmo) e Pedro Abelardo.

I. *Anselmo de Aosta* (1033-1109) – Foi bispo de Cantuária e um dos primeiros filósofos deste **período pré-tomista**. Ele é considerado o "pai da escolástica". Seu principal papel foi o de fazer a escolástica tomar ciência de si mesma, perceber que existia e firmar-se. Sua máxima "Não quero saber para crer, mas crer para saber" exprime o sumo de seu pensamento, segundo o qual tudo se inicia pela fé, pela crença, e somente depois vem a razão, ou a filosofia, que pode explicar e elevar aquilo em que se crê ao entendimento. Esse é o ponto de partida da escolástica, que norteou todo o período pré-tomista e retornou avivado no período pós-tomista. Embora Anselmo não seja classificado por muitos como um filósofo, mas sim como um teólogo, ele levava tão longe suas especulações que muitas vezes elas se tornavam filosofia.

II. *Pedro Abelardo* (1079-1142) – Considerado tão importante quanto Anselmo, **foi responsável pelo resgate da ética patrística**. A invasão das raças germânicas e anglo-saxônicas em várias regiões da Europa havia provocado o enfraquecimento das concepções da filosofia cristã e a assimilação cada vez mais intensa dos costumes daqueles povos.

Da influência anglo-saxônica os cristãos assimilaram o uso de uma praxe jurídica denominada "direito robusto", que fez valer sua influência sobre a moral. **O que fez Abelardo?** Trouxe de volta ao centro das atenções a noção de que o valor qualitativo da atividade moral se mede pelo conhecimento e pela vontade, pela intenção e pela liberdade.

Da influência germânica receberam a máxima ética de que o "O ato mata o homem", ou seja, não importa a intenção, mas sim o feito, e isso tinha sido adotado pela própria Igreja. Abelardo então se levantou contra a Igreja para fazer de novo a moral fundar-se na intenção. **Ele distinguiu claramente a vontade da ação.** Conforme esse princípio, não cometeu nenhum pecado o guarda que, visando com uma flecha um animal, vem a matar acidentalmente um homem, ou o homem que coabita com a mulher alheia, julgando ser a sua, ou ainda o homem que casa com a irmã sem a reconhecer como tal, ou mesmo a mãe que mata o filho durante o sono. Para Abelardo, se tanto o bem como o mal dependem da intenção e do consentimento, a ação pecaminosa é despida de substância. Se a intenção é boa, há de ser boa a obra.

A escolástica média – Tomás de Aquino (1225-1274)

A partir de Tomás de Aquino, a escolástica começou a tomar novos rumos, dividindo-se em três correntes distintas, das quais duas foram o resultado da influência da filosofia de Aristóteles, trazida para o mundo latino-cristão pelos árabes, especialmente Averróis, e em parte pelos hebreus.

- **A primeira corrente** adotava plenamente o sistema filosófico aristotélico, de forma idolátrica, colocando a razão humana acima de qualquer coisa, inclusive da fé;
- **A segunda corrente** também seguia o sistema de Aristóteles, mas de forma subordinada à fé; quando razão e fé entravam em choque, a fé era determinante;

- **A terceira corrente** adotava absolutamente a fé, com aversão franca à filosofia, que buscava estabelecer-se apenas com meios racionais.

Tomás de Aquino foi importante por diversas razões. A primeira delas se relaciona ao seu interesse e participação na tradução dos textos de Aristóteles do árabe. Ele se interessava também comentários dos próprios árabes sobre o filósofo grego. **Além disso, Tomás de Aquino sugeriu** que as obras de Aristóteles fossem mais tarde também traduzidas diretamente do grego. Essas obras e traduções vieram a ter um papel importante na formação das primeiras grandes universidades, onde floresceram a Filosofia e a Teologia.

Tomás de Aquino foi o harmonizador entre a Filosofia e a Teologia. Ele as compreendia como instâncias separadas, ainda que não antagônicas. Para ele, a Teologia tem um conteúdo arcano e revelado, enquanto a Filosofia é evidente e racional. A Filosofia não poderia ser substituída pela Teologia e ambas não se opõem, pois não pode haver contradição entre fé e razão. Ademais, conforme expõe Madjarof (2013):

> Também no campo da MORAL, Tomás se distingue do agostinianismo, pois a moral tomista é essencialmente intelectualista, ao passo que a moral agostiniana é voluntarista, quer dizer, a vontade não é condição de conhecimento, mas tem como fim o conhecimento. A ordem moral, pois, não depende da vontade arbitrária de Deus, e sim da necessidade racional da divina essência, isto é, a ordem moral é imanente, essencial, inseparável da natureza humana, que é uma determinada imagem da essência divina, que Deus quis realizar no mundo. Desta sorte, agir moralmente significa agir racionalmente, em harmonia com a natureza racional do homem. [grifo do original]

Tomás de Aquino acreditava que, se a **felicidade** é o fim maior do homem, ela só pode ser alcançada por meio de ações. São elas que levam o homem de forma direta ou indireta a esse fim. Por ser racional, é por meio da razão que o homem obterá a sua felicidade.

No entanto, diferentemente dos gregos antigos, Tomás de Aquino atentava para o fato de que a felicidade pode não ser obtida, ainda que o homem busque racionalmente atingir esse fim maior e ainda que pratique uma vida inteira de virtudes. Isso porque há desgraças que podem ocorrer no caminho e, quando isso acontece, as virtudes podem se enfraquecer. É nesse ponto que entra a fé, **para nortear a razão nos momentos difíceis.**

A escolástica tardia: pós-tomista

Apesar do esforço de Tomás de Aquino em oferecer uma visão altamente racional baseada no sistema filosófico de Aristóteles, conseguindo inclusive alguns seguidores, suas ideias logo pereceram no contexto medieval, dando lugar à ética de Agostinho.

No entanto, não se tratou de um retorno pleno ao agostinianismo, mas sim de uma espécie de arremedo, tida por muitos como um declínio, uma fase decadente.

Os padres da Ordem Franciscana, nos séculos XIV e XV, tiveram um papel especial nesse retorno. Um dos maiores expoentes nesse período foi João Duns Scot, além de Roger Bacon e Guilherme de Occam, entre outros.

A volta aos preceitos do agostinianismo também foi marcada pela proibição do estudo das obras de filosofia natural de Aristóteles, estabelecida por meio de um concílio provincial.

Principais expoentes e suas contribuições para a ética do período pós-tomista

I. *João Duns Scot* – Inglês e franciscano, aluno e professor nas Universidades de Oxford e de Paris, expressou sua tendência ao agostinianismo principalmente em seu conceito de Filosofia. Considerava que a **Filosofia** devia servir de instrumento para entender a fé; portanto uma fundamentação contrária a de Tomás de Aquino, que a compreendia como obra autônoma do espírito.

Na concepção de Scot, o homem bom era aquele que amava a Deus não pela razão, mas pela vontade, considerando que razão e vontade são coisas distintas, e que a segunda predomina sobre a primeira.

Logo, para ele o **caminho ético** passava pela vontade de amar a Deus, independentemente da compreensão e da análise racional.

O pressuposto que sustentava tal colocação era o de que **as coisas criadas por Deus não dependem fundamentalmente da razão divina, mas sim da vontade de Deus**. A própria **ordem ética** não é intrinsecamente boa por motivos racionais, mas unicamente porque Deus o quer. Portanto, Deus poderia inclusive impor uma ordem moral oposta àquela instalada até então, sendo que na nova ordem, por exemplo, a mentira, o adultério, o furto, o homicídio etc. seriam ações morais plausíveis.

II. *Roger Bacon* – Também inglês, franciscano, aluno e professor das Universidades de Oxford e de Paris, foi um crítico agressivo das autoridades de sua época, chegando ao ponto de ser impedido de lecionar, tendo sua prisão decretada pelos próprios superiores de sua ordem franciscana.

Seu pensamento combinava elementos de Agostinho e de Tomás de Aquino. Baseado no segundo, acreditava que existem **três fontes de saber**: a autoridade, a razão e a experiência.

Explicava essa trindade da seguinte forma:
1. A **autoridade** dá-nos a crença das coisas, mas não a sua compreensão;
2. A **razão** proporciona a compreensão e a ciência. No entanto, isso será falho se não conseguir distinguir o sofisma da demonstração verdadeira, que só é fundamentada e confirmada na **experiência**;
3. A **experiência**, por sua vez, é proporcionada pela iluminação interior de Deus.

Do agostinianismo, Bacon também incorporou o conceito de unidade entre a Filosofia e a Teologia, áreas que foram comprendidas de forma distinta por Tomás de Aquino.

III. *Guilherme de Occam* – Mais um inglês, franciscano, aluno e professor na Universidade de Oxford, foi processado por heresia pela Santa Sé e buscou refúgio com o imperador, pois a Igreja e o Estado não estavam em boa harmonia no século XIV.

Seu pensamento marcou o fim da escolástica. Considerava, conforme destaca Madjarof (2013), que o **conhecimento sensível** é superior ao **conhecimento intelectual**. Argumentou que o primeiro é intuitivo, ao passo que o segundo é abstrato. Assim:

- O **conhecimento sensível** dá-nos a realidade concreta e individual. Fornece as relações reais entre as coisas reais.
- O **conhecimento intelectual** nos dá apenas as semelhanças entre seres reais. Trata-se de um conhecimento vago e confuso, que não nos permite distinguir um ser do outro. Ele nos proporciona conhecer as relações lógicas entre conceitos abstratos, sem nada nos dizer sobre a realidade das coisas.

Entenderemos melhor essa teoria se distinguirmos "sensação" de "conceito", como consta em Madjarof (1997): "A **sensação** é o sinal de um objeto na alma; o **conceito** é sinal de mais objetos percebidos como semelhantes. O **conceito**, pois, é um sinal natural, representado pelo nome que é, porém, um sinal artificial, variável segundo as diversas línguas" (grifo nosso).

Essa linha de pensamento ficou conhecida como *experimentalismo inglês* e deu origem ao empirismo. Foi a derrocada dos estudos da escolástica, do empirismo, da ciência, da filosofia, da moral etc. O conhecimento sensível tornou-se muito mais importante que o intelectual. **Pelo fato de tanto a alma quanto Deus não serem sensíveis, conclui-se que não são cognoscíveis, logo Deus não pode ser provado empiricamente. Também não se pode provar a alma, e é impossível demonstrar cientificamente a imortalidade.** Com isso, a ciência humana reduziu-se à Física e a Filosofia medieval converteu-se em um mero formalismo lógico.

Síntese

A *escolástica* foi uma escola dentro da filosofia cristã na Idade Média que se estendeu do início do século IX até o fim do século XVI, compreendendo aproximadamente 500 anos. O nome deriva do fato de que os seus principais expoentes ensinavam em escolas. A principal marca da escolástica, e que a distingue da patrística, é que nesta última o esforço dos pensadores era para combater o paganismo e a heresia, pois o grupo de cristãos era a minoria, enquanto na escolástica eles passam a ser maioria, de modo que a filosofia passa a mediar os conflitos internos da doutrina. Esses conflitos dividiram a escolástica em fases e em tendências. Uma corrente adotava a razão do sistema de Aristóteles, filósofo que ficou conhecido por intermédio dos árabes; outra se opunha com veemência a isso; e uma terceira harmonizava a fé e a razão, ainda que mantendo a razão em um plano hierarquicamente inferior ao da fé. A escolástica, em função dessas correntes e do seu longo período de duração, também pode ser dividida em pré-tomismo, tomismo e pós-tomismo, considerando-se o florescer de seu maior expoente, Tomás de Aquino.

Indicações culturais

Filmes

O NOME da Rosa. Direção: Jean-Jacques Annaud. Alemanha: 20th Century Fox Film Corporation, 1986. 130 min.

O tempo/espaço desse filme situa-se no ano de 1327, em um monastério Beneditino, onde acontecia uma conferência da qual participavam representantes da Ordem Franciscana e da Delegação Papal. A trama desenvolve-se em torno de uma série de assassinatos e na brilhante capacidade de dedução de um monge franciscano auxiliado pelo seu noviço, os quais, empenhados em desvendar o mistério, acabam por ser ameaçados pela presença de um poderoso inquisidor.

Livros

MONDIN, B. **O humanismo filosófico de Tomás de Aquino**. Florianópolis: Edusc, 1998.

Esse livro se dedica a encontrar as raízes do pensamento humanista na filosofia de Tomás de Aquino. O filósofo, para o autor, estabelece as bases para toda a retomada do pensamento humanista, que viria apenas com o Renascimento, séculos após. Dicotomias como razão e fé, Filosofia e Teologia, e também conceitos como liberdade e vontade são expostos a partir da obra de Aquino.

Sites

HIRSCHBERGER, J. **História da Filosofia na Idade Média**. Tradução de Alexandre Correia. São Paulo: Herder, 1966.

Nesse material você encontra informações sobre a escolástica, seus principais nomes, períodos e correntes. Trata-se de um estudo consideravelmente completo e com boa profundidade nas análises que propõe.

Atividades de autoavaliação

1. Uma das marcas da escolástica foi a mudança de alvo da Filosofia, que anteriormente tinha o propósito de defender o cristianismo contra o paganismo, e com ela tornou-se uma forma de:
    a) combater o terrorismo.
    b) amenizar os desejos.
    c) harmonizar as dissidências.
    d) resistir às tentações.

2. Durante todo o período escolástico, ocorreu certa divisão entre correntes que dosavam, de diferentes maneiras, dois elementos:
   a) a fé e a razão.
   b) a bondade e a inteligência.
   c) o latim e o grego.
   d) as obras e as intenções.

3. Muitos escolásticos adotaram as ideias de um filósofo grego, trazidas pelos árabes. Tomás de Aquino foi o escolástico que mais utilizou o pensamento de:
   a) Sócrates.
   b) Aristóteles.
   c) Pitágoras.
   d) Platão.

4. Dos 500 anos do período escolástico, os dois últimos séculos são considerados decadentes, retrógrados, obscuros. Isso se deve ao fato de que:
   a) retornaram ao pensamento grego.
   b) retomaram o agostinianismo.
   c) escreveram muito pouco.
   d) fecharam as escolas.

5. Durante um certo confronto inevitável entre a filosofia de Aristóteles e a doutrina cristã, a solução encontrada foi:
   a) explicar melhor os fundamentos da revelação.
   b) proibir os textos de Aristóteles.
   c) criar uma nova teologia.
   d) trocar a teologia pela liturgia.

Atividades de aprendizagem

Questões para reflexão

1. Uma característica interessante da escolástica foi a mudança de alvo da Filosofia, que antes era a defesa da doutrina cristã contra o paganismo, num mundo de minorias cristãs, para depois se tornar um trabalho de controle das divergências internas, quando os cristãos se tornaram maioria. Foi uma mudança radical, que causou divisões internas em correntes distintas e implicou o esforço de diversos pensadores, resultando na produção de diversos trabalhos que formaram a escolástica.

   É possível dizer, então, que o próprio fenômeno que deu início à escolástica não é um fenômeno particular, mas que pode ocorrer sempre que uma minoria que luta contra o senso geral cresce, se torna a corrente vigente e sofre divisões internas. Nesses casos, todo o esforço para combater e controlar a oposição tem de se voltar para o controle das dissidências internas e, como são duas dimensões muito diferentes, isso requer outros tipos de técnicas, métodos, estratégias e conhecimentos.

   Atualmente podemos observar essa situação quando um partido político assume o poder ou na divisão já incontrolável das igrejas neopentecostais de denominação evangélica. **Fica, então, o questionamento**: O que faz as pessoas lutarem tão unidas antes de conseguirem se impor como grupo ou ideia e o que as faz se separar e competir entre si depois de vencida essa etapa?

2. Um problema filosófico interessante foi justamente o que causou a divisão das três correntes na escolástica, a dicotomia entre fé e

razão. Séculos depois, em nossos dias, esse problema ainda parece estar longe de uma solução. Podemos observar em nosso dia a dia algumas pessoas que colocam a fé acima da razão e pessoas que colocam a razão acima da fé, assim como não raramente encontramos outras que buscam harmonizar ambas as instâncias. Quais seriam exemplos bem conhecidos dessas correntes de pensamento na atualidade?

Atividades aplicadas: prática

Neste capítulo sobre escolástica, você viu que o nome dessa fase histórica da filosofia está relacionado ao fato de que seus principais expoentes lecionavam em escolas. Também foi visto que eles tinham diferentes opiniões sobre a harmonia ou a hierarquia entre a fé e a razão. Na qualidade de professores e formadores de opinião, esses homens repassaram suas ideias para os alunos, muitos dos quais não somente as assimilaram, mas tornaram-se seus discípulos, propagando o pensamento de seus mestres.

Questão a ser estudada:
Se um professor, tanto na escolástica quanto na atualidade, é também um formador de opinião e, às vezes, um modelo para os seus alunos, isso pode implicar que o seu pensamento sobre ética também seja transmitido e assimilado por eles?

Proposta:
Redija um pequeno texto no qual você deve registrar alguns comportamentos, pensamentos, posturas e atitudes que acredita ter assimilado de um professor (ou de outro formador de opinião). Reflita sobre esse aspecto e comente se isso foi bom ou ruim em sua vida.

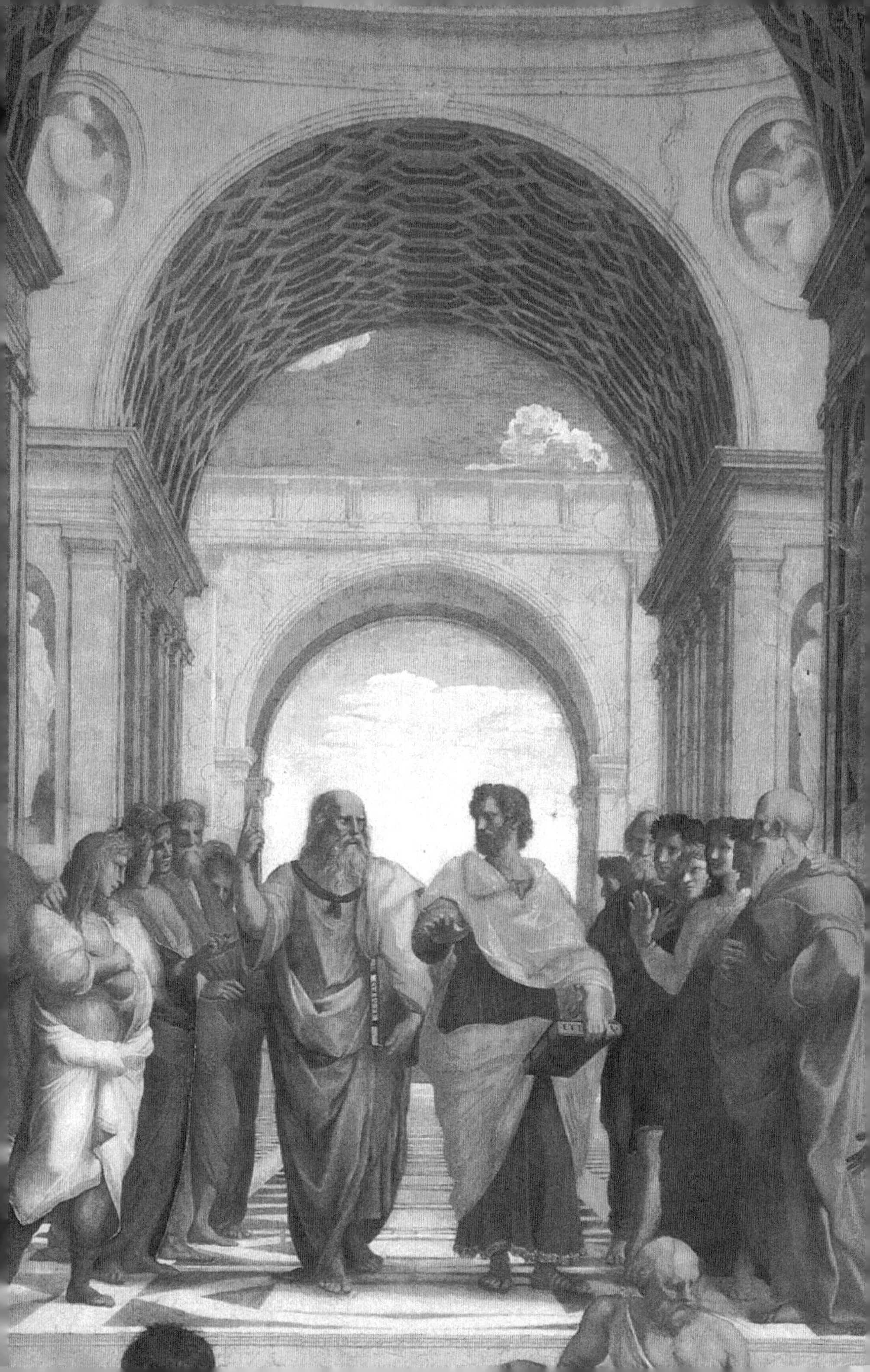

6

*Os árabes –
Avicena e Averróis*

Os árabes, especialmente **Avicena** e **Averróis**, tiveram um papel muito importante na moldagem da filosofia na Europa medieval, além de influenciar outros povos e regiões. Essa influência ocorreu por meio da assimilação cultural mútua que houve entre os povos árabes e os povos da Europa. Esse fenômeno aconteceu quando os árabes conquistaram vários territórios europeus, ocupando-os por um longo período de tempo – a despeito do fato de serem considerados bárbaros.

Podemos observar o resultado desse processo de mesclas culturais, por exemplo, no âmbito da música. Muitas das músicas tradicionais folclóricas da Itália, da Grécia e de Portugal mantêm traços semelhantes entre si, que constituem clichês e bordões de origem árabe, os quais, por sua vez, foram também, em parte, adquiridos de outras nações e povos.

Esse mesmo processo ocorreu com a **Filosofia** e com a **cultura em geral** sob a influência dos árabes. Eles disseminaram a álgebra, a Matemática, a geometria, a Geografia, a cartografia e muitos outros conhecimentos. É importante observar que os árabes não eram meros portadores ou disseminadores dos elementos assimilados de outras culturas; eles também os modificavam, na medida em que seus pensadores se interessavam por elementos originários de outra cultura.

Os árabes assimilaram a filosofia dos gregos, divulgando-a pela Europa Medieval. No caso da música, que era transmitida oralmente, é provável que os árabes não tivessem condições de repassá-la de forma integral. Mas, no caso da Filosofia, os árabes tinham os originais das obras que ajudaram a divulgar, muitos deles, aliás, em suas imensas bibliotecas, além de acrescentar a eles suas contribuições e impressões.

Muitos historiadores acreditam que a filosofia grega foi responsável, entre outros elementos culturais, pela constituição da civilização árabe, que até então eram tidos como bárbaros, como grupos nômades invasores. De qualquer modo, eles acabaram assimilando dos gregos conceitos mais avançados de cidadania, política, democracia e direito, entre outros, e tornaram-se protetores da Europa latina contra as invasões de outros povos bárbaros. Aristóteles, que vimos em capítulos anteriores, foi um dos filósofos gregos cujas obras gozaram de grande popularidade entre os árabes, e foi por meio deles que elas chegaram conservadas ao mundo latino-cristão e, consequentemente, até nós.

O entendimento da *ética pelos árabes* e, em especial, da forma como se relacionaram com a Europa e a escolástica, requer, antes de tudo, que apresentemos algumas considerações gerais sobre o contexto em que floresceram os escritos de Avicena e Averróis.

6.1
Avicena (980-1037)

O nome árabe original de Avicena, de difícil pronúncia para os europeus, era Abu 'Ali al-Hussain ibn 'Abd Allah ibn al-Hassan ibn 'Ali ibn Sina.

Avicena é considerado um dos maiores filósofos do islamismo, que é atualmente a segunda maior religião do planeta, dominando 50% das nações de três continentes, com mais de um bilhão de fiéis.

É importante destacarmos isso, porque seus escritos sobre Aristóteles eram aplicados à fé muçulmana, que, de forma semelhante ao cristianismo, tem apenas um deus, cujo nome é Alá. Mas as semelhanças param por aí. Os muçulmanos creem que seu livro sagrado, o Alcorão, é a expressão mais fiel da palavra de Deus e todos os outros, especialmente a Bíblia, são meras distorções, que atribuem "parceiros" a Deus, como a Trindade, Jesus, Maria, santos diversos etc., crença que deve levar ao inferno, pois Alá é o único deus e Maomé, seu único profeta.

Curiosamente, foi Avicena, um discípulo dessa religião, que mais influenciou o cristianismo e a filosofia durante a escolástica, que vimos no capítulo anterior.

O interesse exagerado de Avicena por Aristóteles pode ser observado num trecho com suas próprias palavras, em que admite ter lido *Metafísica*, de Aristóteles, 40 vezes, até decorá-la, na ânsia de conseguir entender esse filósofo.

Eu era então mestre em lógica, ciências naturais e matemáticas. Voltei por isso às metafísicas; li a Metafísica, mas não compreendi o seu conteúdo e fiquei desconcertado pela intenção do autor; li-o umas quarenta vezes até saber o texto de cor. Mesmo então não compreendia o que o autor queria dizer e desesperava-me comigo próprio dizendo: "Não há processo de entender este livro".

Mas uma vez, ao meio-dia, estando por acaso no bairro dos livreiros, encontrava-se aí um leiloeiro que anuncia para vender um volume que tinha na mão. Ofereceu-me, mas eu restituí-lhe impacientemente, pensando não haver qualquer utilidade naquele conhecimento em particular. No entanto, ele disse-me "Compra-me este livro; é barato e venderei para você por quatro dirhams. O seu proprietário está com necessidade de dinheiro".

Comprei-o e verifiquei que era um livro de Abu Nasr al-Fàràbi, SOBRE O OBJETO DA METAFÍSICA. *Voltei para casa e apressei-me a lê-lo; imediatamente os assuntos daquele outro livro me tornaram claros porque o sabia de cor. Regozijei-me com isto e no dia seguinte distribuí muitas esmolas aos pobres em gratidão para com Deus Todo-Poderoso.* (Espinosa, 1976)

Avicena escreveu diversas obras sobre Medicina e Farmacologia, as quais tiveram grande ressonância até o século XVIII. Como nos informa o estudioso de cultura árabe e professor da USP, Miguel Attie Filho (2011), a Filosofia escrita em árabe, a *falsava*,

tem seu momento de intensa produção entre os séculos IX e XV d.C., sendo que Avicena representa seu ápice, pois viveu em um momento político favorável e fez o recolhimento da tradição anterior, utilizando conceitos de histórico muito longo. Avicena produziu uma enciclopédia, AL SHIFA, *isto é* A CURA *da alma, em 12 volumes, reunindo todo o conhecimento disponível na época.*

Mas iremos nos ater aqui apenas ao seu pensamento filosófico e ético. A sua maior contribuição filosófica e ética está nas obras *A cura* e *A virtude e o pecado*.

Da primeira, consta um trabalho monumental que engloba um vasto campo do conhecimento da filosofia científica, que ele classificou desta maneira:

- **conhecimento teórico** – física, matemática e metafísica; e
- **conhecimento prático** – ética, economia e política.

Trata-se de uma obra que sintetizava a tradição aristotélica, as influências neoplatônicas e a teologia muçulmana. Para Avicena, **a filosofia é a ciência da verdade**. Referindo-se à questão de Deus, afirma que não encontramos a verdade que buscamos sem conhecer a causa. A causa do ser e da permanência de cada coisa é a verdade, porque cada coisa existe necessariamente, portanto também os seres existem.

6.2
Averróis (1126-1198)

Conhecido como "o Aristóteles oriental", Averróis ou Averróes é o nome ocidental de Abul Walid Muhammad Ibn Achmed, Ibn Mohammad Ibn Ruschd. Ele **defendia a subordinação da religião à Filosofia** quando as argumentações da primeira fossem contrastantes e considerava a religião uma filosofia simbólica para o povo. Teve **importante influência na escolástica**, no que se refere à relação entre razão e autoridade.

O filósofo opôs-se à ortodoxia rígida do muçulmanismo. Para Averróis, havia autonomia na ciência (pesquisa) e na teologia (revelação), sendo assim os dois campos moviam-se em planos diferentes, logo, não poderia haver contradição entre eles.

Defendeu o princípio da verdade em duas partes, afirmando que a religião abrange uma esfera da existência ou conhecimento, e a Filosofia a outra.

1. **a religião** é para as multidões incultas – ensina por intermédio de sinais e símbolos;
2. **a Filosofia** é para uns poucos escolhidos – apresenta a verdade em si mesma.

No entanto, recomendava que, embora o filósofo percebesse que a verdade presente na Teologia fosse falsa na Filosofia, não deveria, por causa disso, condenar a instrução religiosa, porque, dessa forma, privaria o povo do único meio pelo qual ele poderia alcançar o conhecimento (simbólico) da verdade.

O pensamento de Averróis foi dedicado à reflexão, ao estudo e à investigação racional, sempre preocupado com a observação direta dos fenômenos naturais. Encontram-se, em sua filosofia, como consta em Muniz (2009),

> a doutrina da eternidade da matéria como um princípio positivo do ser; o conceito de uma multidão de espíritos ordenados hierarquicamente entre Deus e a matéria e a mediação entre eles; a negação da Providência no sentido mais comumente aceito; a doutrina de que cada uma das esferas celestes é animada; a noção da emanação ou extração, como um substituto da criação; e, finalmente, a glorificação do conhecimento místico (racional) como a aspiração máxima da alma humana, em suma, todos os elementos caracterizadamente platônicos e que os árabes acrescentaram ao aristotelismo puro.

Averróis destacou-se por fazer uma interpretação singular da filosofia de Aristóteles. Deu à doutrina aristotélica, por exemplo, o significado de intelecto ativo e passivo, considerando que, segundo Aristóteles:

- O **intelecto ativo** é o responsável por fazer juízos e proposições – **a síntese de conceitos**, que podem ser verdadeiros ou falsos. Por meio da dedução silogística, é possível chegarmos a classificações verdadeiras.
- O **intelecto passivo** é aquele que capta as formas inteligíveis de forma indiferente, inoperante.

Isso é compreensível pelo fato de que, para Aristóteles, por mais que o intelecto se distinga da sensação, as imagens mentais funcionam como sensações que "afetam" o intelecto, da mesma maneira que os objetos sensíveis afetam os sentidos.

Foi fundamentado nesses conceitos de Aristóteles que Avicena (visto anteriormente) explicava que, enquanto o intelecto ativo é universal e separado, o intelecto passivo é individual e inerente à alma.

Já Averróis, partindo da mesma fundamentação, ensinava que os dois, o intelecto ativo e o intelecto passivo, são separados da alma individual e universais.

No entendimento de Averróis, era errado limitar o intelecto passivo a uma simples disposição. Assim, considerava impróprio descrevê-lo como uma substância individual possuidora de disposições. Afirmava que há sim uma disposição em nós, mas essa disposição pertence a um intelecto fora de nós mesmos.

Em suas reflexões filosóficas, ele usou os termos *passivo*, *possível* e *material* com o propósito de nominar e categorizar essas espécies de intelecto. Mas ele foi além, refletiu sobre a mente individual e a sua comunicação com o intelecto ativo – a esse processo denominou *intelecto adquirido*.

Logo, de acordo com suas concepções, embora o **intelecto ativo** fosse um, único para todos nós, existiam inúmeros intelectos adquiridos.

Considerava que eles eram proporcionais em número às almas individuais com as quais o intelecto ativo estabelece contato.

Observação: é bom lembrarmos que os escolásticos falavam de um prolongamento universal com a mente individual. Mas não vamos nos enganar, eles não estavam falando de união, e sim de contiguidade.

Averróis usava o Sol para explicar esse pensamento. Argumentava ele: o Sol como fonte de luz que é, permanece luz (que é sua natureza); no entanto, ele se multiplica por aquilo que é (luz) e produz muitas fontes de luz, iluminando muitos corpos. Ora, no entendimento dele, era isso que acontecia com a mente universal e as mentes individuais que entram em contanto com ela.

Foi esse pensamento de Averróis que culminou em alguns problemas. Essa doutrina era precária, deixava muitos espaços em branco, entre eles:

- Como considerar os fatos da consciência?
- A ação que se expressa pela afirmação "Penso!" situa-se em qual desses espaços?
- Como explicar a questão da imortalidade da alma individual?

Esses fatores faziam parte de uma área do conhecimento que era inóspita para Averróis. Ele admitia honestamente sua inabilidade para entender as bases filosóficas da doutrina da imortalidade individual, por isso manteve-a como um dogma religioso. Essa posição fez com que ele fosse considerado inimigo da fé, pois afirmou que a filosofia não poderia explicar, justificar ou sustentar a fé em relação à imortalidade individual.

Mas **Averróis nunca foi inimigo da fé**, pelo menos não da fé muçulmana, que vigorava em uma cultura na qual florescia a medicina e a anatomia (Averróis e Avicena eram médicos). No entanto, no mundo cristão, a prática e o estudo da anatomia, por exemplo, eram proibidos. Não se podiam dissecar os cadáveres, a Igreja mantinha a Europa na escuridão científica e, nesse contexto, o pensamento de Averróis ou de

Avicena realmente parecem ser contrários à fé. Na verdade, porém, **não eram contra a fé, e sim contra os dogmas da Igreja Católica.**

O que constatamos ao fazermos um exame cuidadoso **de sua obra é que ele era profundamente religioso.** Ele escreveu: "qualquer um que estude anatomia aumentará sua fé na onipotência e unicidade de Deus". A profundidade de sua fé ficou expressa em toda a sua obra médica e filosófica. Uma fé que tinha por base o *Alcorão*, ao qual ele recorre constantemente para argumentar a favor da validade de seus pontos de vista em relação a vários assuntos.

Ele afirmava que **o homem pode alcançar a *felicidade* verdadeira por intermédio da saúde psíquica e mental**, mas também dizia que é impossível usufruir de uma saúde psicológica se o homem não segue os caminhos que levam à felicidade na outra vida, o que implica acreditar em Deus e na sua unicidade.

Acreditava que o objetivo do Islã era o **conhecimento verdadeiro**, que é o conhecimento de Deus e da sua criação. Mas não era apenas um saber transcendente. O conhecimento verdadeiro compreendia os vários meios que levam à satisfação mundana e evitam a miséria na outra vida.

Ele dividiu esse tipo de conhecimento prático em dois ramos:

1. **a jurisprudência** – fatores referentes ao enfrentamento dos aspectos materiais e tangíveis da vida humana; e
2. **as ciências espirituais** – envolvendo questões como paciência, gratidão a Deus e moral. Ele estabeleceu uma comparação igualando as leis espirituais à Medicina, em relação ao efeito que provoca nos seres humanos do ponto de vista físico e do ponto de vista moral e espiritual.

No entanto, a maior influência que Averróis exerceu foi como crítico. A sua doutrina ou seus pressupostos filosóficos encontraram reações

diversas por parte das **escolas cristãs,** estabelecendo fases diversas nesse relacionamento (filosofia de Averróis *versus* escolas cristãs):
- Agregou no início certa quantidade de adeptos.
- Houve depois um distanciamento, aos poucos, pois sua incompatibilidade com os ensinamentos cristãos tornou-se aparente.
- Ocorreu nova aproximação, o que lhe proporcionou uma audiência temporária, quando da revolta do Renascimento em relação à escolástica.

Mas, embora sua relação com as escolas cristãs tenha sido fragmentária, seus comentários, no entanto, alcançaram um sucesso imediato e duradouro. Isso fica patente se observarmos que Tomás de Aquino tomou a obra *Grande comentário* de Averróis como modelo.

Mas qual era a posição de Tomás de Aquino em relação ao filósofo árabe? Ele, embora rebatesse muitas das colocações de Averróis, adotou o estilo de exposição deste, e afirmava que as palavras de Averróis deveriam ser lidas com respeito e consideração. Aliás, foi só depois de Tomás de Aquino que Averróis passou a ser apresentado como "arqui-inimigo" da fé pelos outros filósofos cristãos da Igreja.

6.3
Os princípios da ética de Avicena e Averróis VERSUS os princípios da ética da escolástica

Os caminhos que deveriam ser trilhados pelo homem, na visão dos árabes, em especial por seus dois grandes expoentes, que foram Avicena e Averróis, diferiam bastante dos princípios dominantes na maior parte dos 500 anos da escolástica, entre eles, a ideia da fé acima da razão, como vimos no capítulo anterior. Isso significa que o pensamento desses dois filósofos assumia uma oposição crítica em relação ao *Alcorão* e à *Bíblia*, embora fossem religiosos fiéis.

Os árabes acreditavam que **o homem não tem controle completo sobre o seu destino, e que o destino não é completamente predeterminado** e, com isso, atacavam frontalmente os dogmas cristãos:
- ao retirarem o controle das mãos do homem, feriam o princípio do livre-arbítrio; e
- ao dizerem que o destino não estava completamente predeterminado, feriam a onisciência de Deus, pois, se Ele fosse onisciente, saberia do destino de todos os homens, logo, este deveria ser predeterminado.

Acreditavam também que **a felicidade, o fim maior da vida, está na vida eterna**, ponto que coincidia com a doutrina cristã; mas pregavam que não se pode chegar a ela sendo infeliz e ignorante na vida terrena, o que ia totalmente contra os interesses da Igreja Católica.

Para Avicena e Averróis, de acordo com Bittar (2009), há uma relação íntima entre **política** e **ética**, e a *felicidade* decorre desse fenômeno. Para eles a política e a ética não se separam, pois a **virtude**

> colabora para a construção do todo social, na mesma medida em que a política é a rainha mestra e mais excelente das ciências práticas, pois se traduz no bem comum. Portanto, quando se afirma que a sabedoria legítima o exercício do poder e que, por essa via, a dominação pode se distinguir do puro exercício da força, se está a dizer que existe na sabedoria (hikma) um elemento de fundamental distinção para a produção de justiça nas relações sociais. Por isso, a legitimação do poder se dá mediante a sabedoria, que converte a mera dominação infundada do poder que pode e deve ser justo, além de ser fundamental para a vida organizada. (Bittar, 2009, p. 86)

O referido estudioso (Bittar, 2009, p. 87) ainda exemplifica a **simbiose** entre a *ética* e o poder ou a política na filosofia árabe: "Na **Doutrina decisiva**, a analogia entre o médico e o legislador, aquele como **curador do corpo**, e este como **curador das almas**, aparece para simbolizar, metaforicamente, este caminho comum poder e ética". [grifo nosso e do original]. Proposição esta que é referendada pelo próprio Averróis, quando diz:

> A correspondência é, com efeito, exata, pois a relação do médico com a saúde dos corpos é idêntica à relação do Legislador com a saúde das almas: o MÉDICO é aquele que busca a preservação dos corpos se há saúde, ou sua recuperação, se ela não existe mais; e o LEGISLADOR é aquele que aspira a isso mesmo para a saúde das almas.
> (Averróis, 2005, citado por Bittar, 2009, p. 87, grifo nosso)

Mas havia, ainda, outros pontos básicos e contraditórios entre as duas culturas:

- **para os árabes, era por meio da razão e do combate à ignorância,** do estudo das ciências, como a Física e a Matemática, que o homem poderia cuidar de si mesmo, de seu corpo, para ter corpo e alma saudáveis e estar preparado para a felicidade na vida eterna; enquanto
- **para os escolásticos**, era por meio de sacrifícios, jejuns, penitências e votos de pobreza, disseminados pela corrente agostiniana da escolástica que poderiam almejar a felicidade eterna;
- as coisas mundanas, como o sexo, deveriam ser satisfeitas, ainda que regidas pela razão em forma de bom senso, para a **corrente árabe**; ao contrário,
- **para os escolásticos**, ao contrário deveria ser cultuada a castidade.

No entanto, apesar das diferenças culturais e conceptuais, algo foi determinante para a recorrência da escolástica aos dois pensadores árabes, conforme nos informa Bittar (2009, p. 94):

> Se, em grande parte, o desafio de aproximar a filosofia grega e a tradição da palavra revelada dos evangelhos, para o mundo cristão, já havia sido empreendida pela

patrística de Santo Agostinho, através de Platão, fica claro que o desafio reaparece para Santo Tomás, no contexto da escolástica, agora num momento em que a retomada do pensamento grego racional se faz não mais a partir do idealismo platônico, mas sim do racionalismo sistemático, empirista e realista aristotélico.

E foi nesse contexto que os filósofos árabes exerceram sua influência, pois eram estudiosos de Aristóteles. Nesse sentido, Tomás de Aquino oportunamente agregou as sabedorias divulgadas pelo pensamento árabe medieval à escolástica.

Síntese

Em razão de suas constantes conquistas, invasões e ocupações de outros territórios, o povo árabe acabou atuando como um elemento de fusão e disseminação de diferentes culturas. Além de assimilar e disseminar conhecimentos, também lhes acrescia suas próprias criações ou os modificavam de alguma forma. Entre os conteúdos intercambiados estava a filosofia grega antiga, especialmente a de Aristóteles. Com grande interesse pelo sistema aristotélico, Avicena e Averróis, que, além de filósofos, eram médicos, colocavam a razão acima da fé em caso de choque entre ambas. Sua ética mostrava um homem cuja felicidade está na vida eterna, que por sua vez só é possível com a satisfação das necessidades mundanas, como o sexo, mediadas pela razão e pelo bom senso, o que só podia ser conseguido mediante o combate à ignorância e o estudo das ciências. Esse posicionamento acabou sendo visto na Europa latina como "inimigo da fé", uma vez que a escolástica disseminava os dogmas da Igreja Católica, segundo os quais o homem deveria ignorar a razão e as necessidades humanas, sacrificar-se, ser pobre e penitente e amar a Deus acima de todas as coisas, cumprindo cegamente os mandamentos e sofrendo, carregando sua cruz à semelhança de Cristo.

Indicações culturais

Filmes

O DESTINO. Direção: Youssef Chahine. Egito; França: MISR International Films; Ognon Pictures, 1997. 135 min.

É interessante ver esse filme, pois ele nos possibilita conhecer uma parte da vida de Averróis. Trata-se obviamente de um filme histórico, em que a trama se desenvolve na Córdoba do século XII. O filme retrata o período em que Averróis transformou-se em uma ameaça ao Califa Al Mansur. Esse califa, com o apoio de um grupo de fundamentalistas influenciado por ele, ordena a queima de todas as obras de Averróis. O embate se estabelece quando alguns seguidores, amigos e familiares do filósofo decidem fazer cópias de seus livros e levá-los para além das fronteiras hispânicas.

Livros

ISKANDAR, J. I. **Avicena**: a origem e o retorno. Porto Alegre: EdiPUCRS, 1999. (Coleção Filosofia, n. 86).

É um livro que traz traduções diretas e comentadas, feitas por Jamil Ibrahim Iskandar, dos principais trechos de textos do filósofo árabe. É uma obra com os principais conceitos tratados pelo filósofo em árabe, e sua tradução para o português, assim como trabalhos relacionados, com o vocabulário específico de Averróis, e suas possíveis versões para o português. É uma obra a ser lida para se aprofundar na filosofia muçulmana e cristã da Idade Média, com o aristotelismo dominante sobre todos.

Links

PAULI, E. **Enciclopédia Simpozio**: micro-história da Filosofia. Florianópolis: Fundação Cultural Simpozio; UFSC, 1997. Cap. 10. Disponível em: <http://www.cfh.ufsc.br/~simpozio/novo/Filos_Medieval.htm#cap10>. Acesso em: 5 set. 2012.

SITE da ENCICLOPÉDIA SIMPOZIO, *mantido pela Universidade Federal de Santa Catarina, no qual é possível encontrar textos abrangentes sobre a filosofia da Idade Média. No* LINK *indicado, basta acessar o Capítulo 10, que trata em detalhes da filosofia árabe medieval.*

Atividades de autoavaliação

1. Na filosofia árabe medieval predominava o pensamento de que a felicidade estava na vida eterna, mas, para obtê-la, era preciso:
   a) evitar os prazeres mundanos.
   b) ser pobre e celibatário.
   c) suprir as necessidades mundanas.
   d) orar para Alá e para Jeová.

2. Avicena e Averróis, ao considerarem a razão em alto grau, foram acusados pela maioria dos escolásticos de terem um pensamento "inimigo da fé". Isso era:
   a) correto, pois eles não acreditavam em Deus.
   b) incorreto, pois eles eram religiosos.
   c) correto, pois eles queriam religiões sem fé.
   d) incorreto, pois eles nunca falaram sobre fé.

3. Uma das marcas de Averróis era valorizar:
   a) a observação direta da realidade.
   b) a revelação divina da realidade.
   c) as pessoas mais pobres.
   d) os pecadores.

4. Para muitos filósofos árabes medievais, o destino do homem:
   a) está determinado e ele pode controlá-lo.
   b) está determinado e ele não pode controlá-lo.
   c) não está determinado e ele pode controlá-lo.
   d) não está determinado e ele não pode controlá-lo.

5. Os árabes, inicialmente bárbaros invasores, tornaram-se um povo muito mais civilizado em função de seu contato com os gregos. Isso ocorreu principalmente devido à descoberta, ao estudo e à admiração:
   a) da música grega.
   b) da filosofia e ética de Aristóteles.
   c) da dança dos gregos.
   d) da culinária grega.

Atividades de aprendizagem

Questões para reflexão

1. Não somente o nome da obra de Avicena (*A cura da ignorância*), mas também a maior parte da filosofia árabe, traz o pensamento de que a grande maioria dos problemas e do sofrimento do homem provém de sua ignorância, de sua alienação ou de seus enganos e ilusões, que o afastam da realidade. Avicena propunha como "remédio" inicial para esse mal o estudo das ciências, como Matemática, Física, Economia e Política.

   Observando, nos dias atuais, o cotidiano de bilhões de pessoas no planeta Terra, cada vez mais parece ser verdadeira a ideia de que a ignorância, a alienação e as ilusões estão associadas a sofrimentos e a problemas, como a fome, o desemprego, a marginalidade e a violência. É comum vermos alguém dizer que se arrepende muito de ter feito algo e que, "se soubesse, não teria feito".

   Você já parou para pensar que o conhecimento pode nos trazer decisões menos problemáticas? Já fez ou deixou de fazer algo e depois se arrependeu quando obteve mais informações? Não seria, então, mais sábio obter o máximo de informações antes de se envolver em algo ou tomar alguma decisão?

2. No imaginário comum de muitos povos, grupos e pessoas, a ciência se opõe à fé de alguma maneira. Acusar o cientista ou aquele que estuda a ciência de heresia ou de fonte do mal não é um fenômeno exclusivo da Idade Média. As perseguições que Avicena e Averróis sofreram também foram, e ainda são, aplicadas a muitas outras pessoas, às vezes em maior intensidade.

Entretanto, observando o contexto atual do Brasil, parece haver um paradoxo quando um fundamentalista ataca a ciência e a coloca como algo que contraria a fé. Tomemos como exemplo a seguinte situação: um pastor de uma igreja qualquer dorme em um colchão ortopédico, mora em uma casa de alvenaria com água tratada e energia elétrica, faz uso de alguns eletrodomésticos, barbeador, creme dental, sabonete, xampu e outros recursos acessíveis na realidade de hoje. Ele também pode vestir uma roupa de tecido fino, com botões de algum polímero, e ir para a igreja de moto, carro, ônibus ou metrô, onde discursará com um microfone lendo uma Bíblia editada em computador e impressa em *offset*, em um culto que será filmado e, quem sabe, transmitido via satélite para milhões de pessoas em tempo real.

Onde está o problema da ciência com relação à fé se, em nossa vida, estamos cercados pela ciência, em todos os momentos do dia?

Atividades aplicadas: prática

Neste capítulo sobre a filosofia árabe, você viu que os árabes, inicialmente bárbaros invasores, acabaram tomando gosto pela civilização ocidental a ponto de conservar e proteger as obras de filosofia grega da ação de outros povos bárbaros. Considerando-se que os bárbaros, em geral, sempre tiveram contato com os povos civilizados, mas isso nem sempre resultava em um processo civilizatório, pode-se afirmar que a Filosofia teve importante papel no caso dos árabes.

Vista como um "jeito pensante de viver", a filosofia pode realmente não apenas civilizar um povo, mas trazer diversos outros benefícios, na medida em que faz crescer a razão, o bom senso e a sabedoria, especialmente por meio da ética e da busca do bem viver, da harmonia e da felicidade.

Por outro lado, um povo, mesmo que já civilizado e ordeiro, quando perde contato com a filosofia por gerações, poderia sofrer um processo reverso, ou seja, voltar a um estado de barbárie?

Questão a ser estudada:

A ausência do estudo da Filosofia nas escolas nas últimas décadas pode ter influenciado no surgimento ou no agravamento de alguns dos problemas sociais do Brasil?

Proposta:

Redija um texto no qual você deverá associar a marginalidade, a violência, o crime e outros problemas sociais atuais com a ausência da disciplina de Filosofia e do estudo de Ética nas escolas.

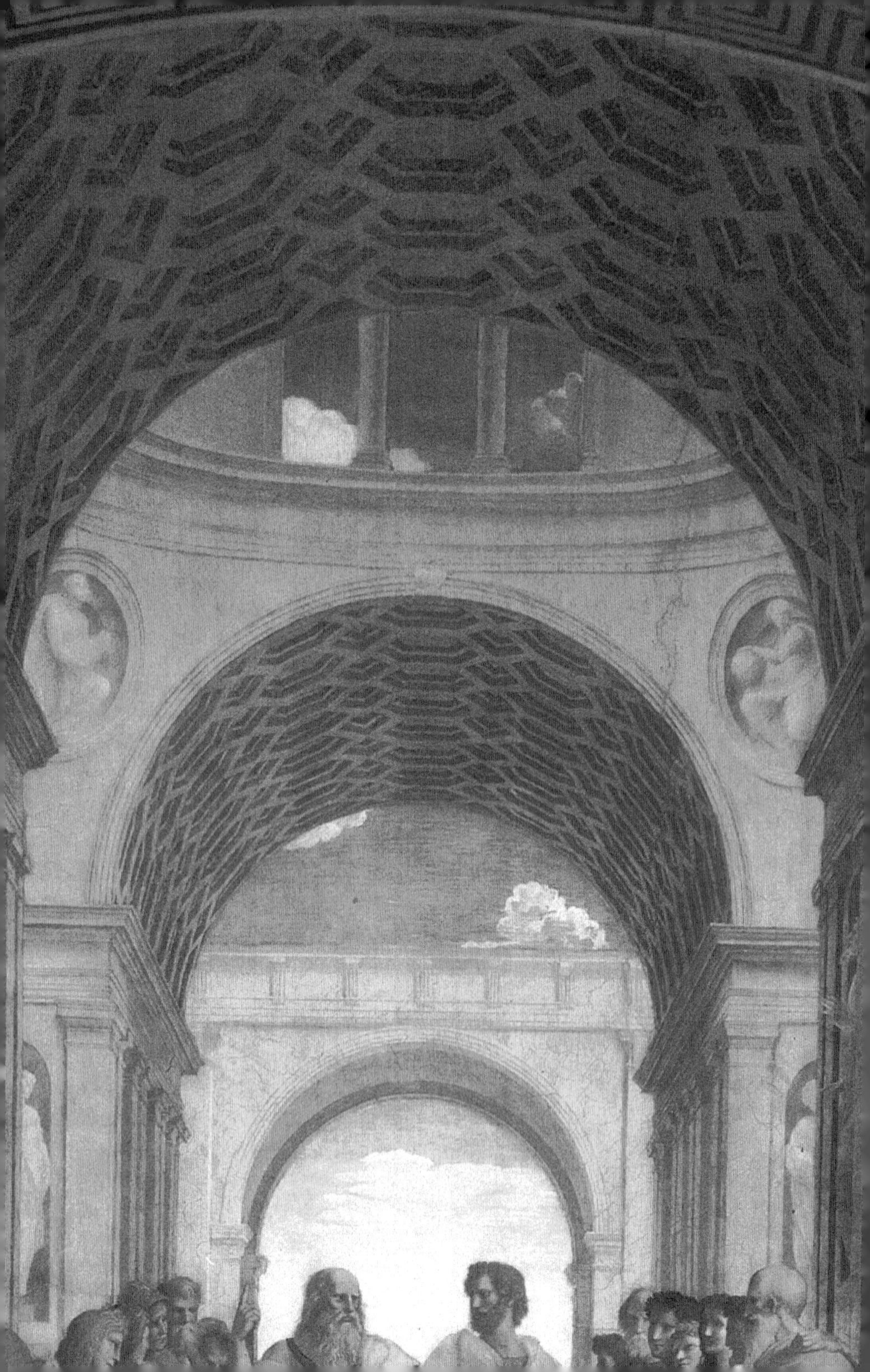

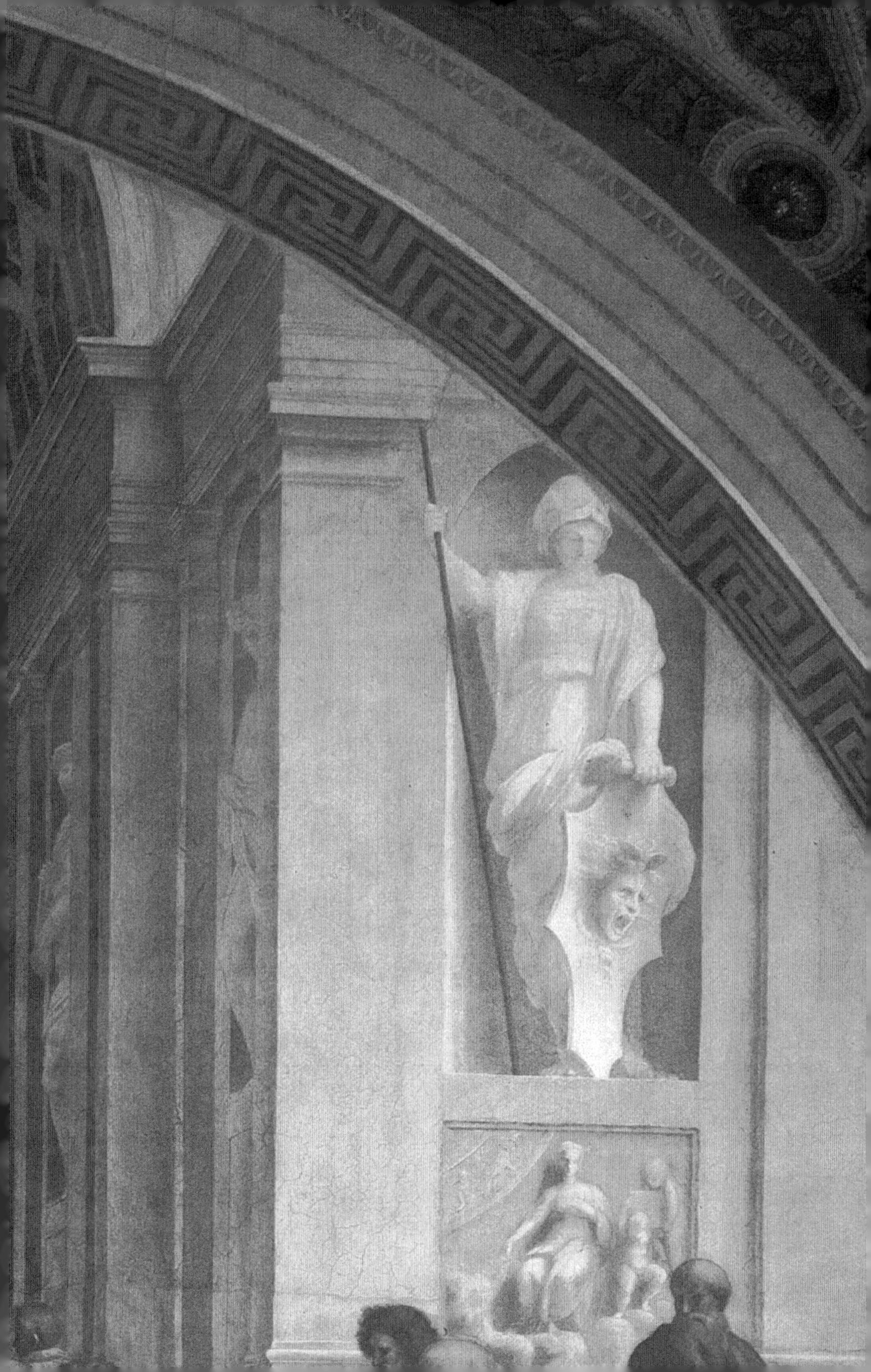

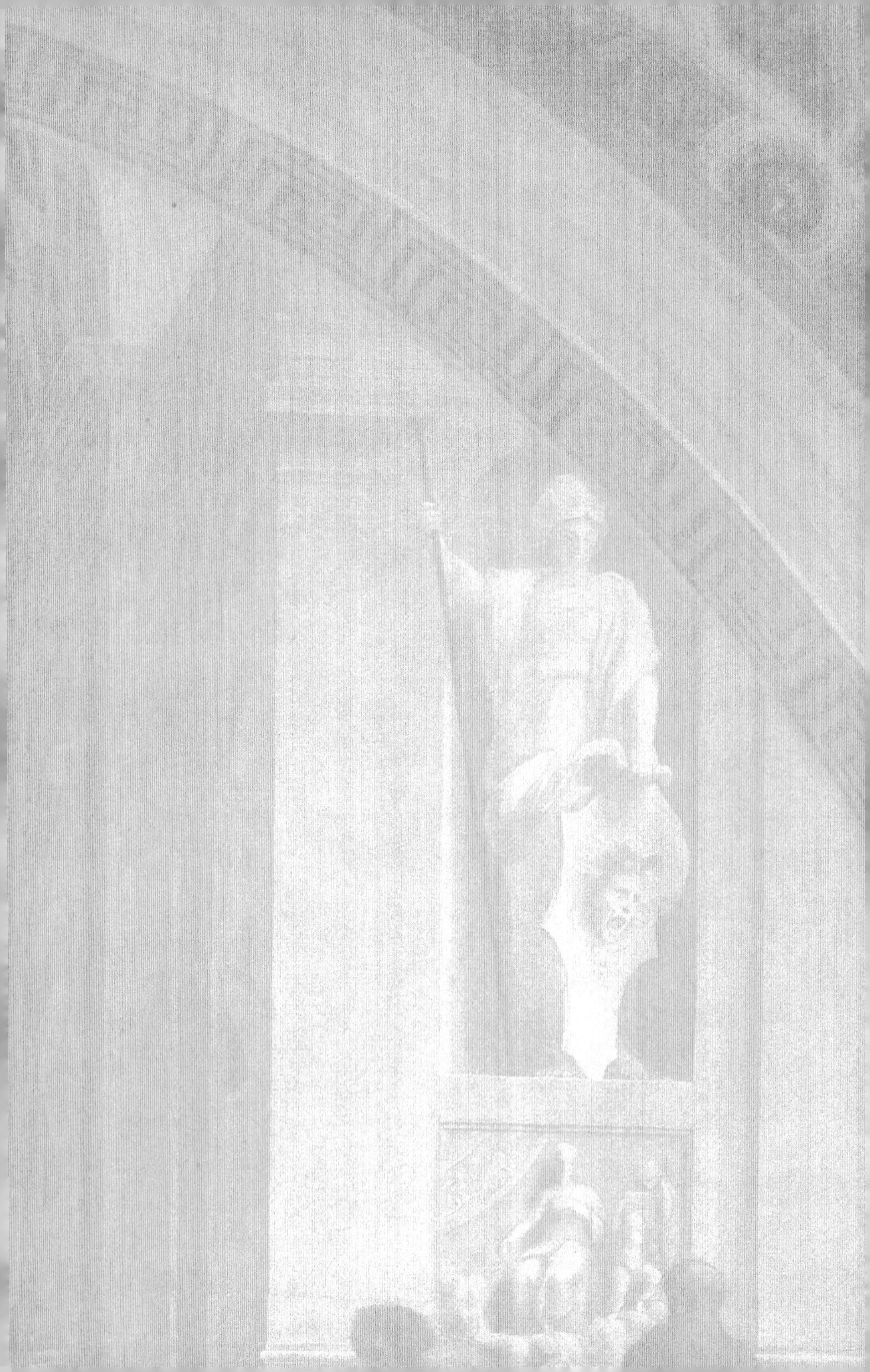

considerações finais

Entre os conceitos importantes que marcaram este estudo, está o de *ética*, que agora você pode diferenciar muito bem da moral e de outros conceitos que são erroneamente chamados de *ética*, como os códigos que trazem prescrições, determinações, regras e leis. Vimos que ser *moral* é cumprir as normas e as leis de acordo com os costumes locais e da época, enquanto ser *ético* é pensar além disso, buscar o bem comum, a felicidade de todos, considerando-se a situação e as circunstâncias de cada momento vivido.

A *ética* é muito importante para o homem, qualquer seja o papel que ele assuma em suas relações sociais, como os de filho, pai, marido, profissional, soldado, sócio, cidadão e amigo. Por outro lado, às vezes, seguir cegamente a moral conduz a situações prejudiciais, seja para a própria pessoa, seja para terceiros. Além disso, a moral que se traduz nas leis, nos costumes, nas normas e nas regras de um grupo social não consegue abranger todas as possibilidades que podem suceder ao longo de uma vida. Independentemente de quem você seja, onde esteja e o que faça, acabará encontrando-se em uma situação na qual perceberá com clareza (especialmente depois deste estudo) que a moral não é suficiente para resolver um determinado problema da melhor maneira. É nessa hora que a ética lhe mostrará um caminho para o bem de todos, para pensar e agir da forma mais correta.

Apenas a título de ilustração, em um exemplo bem radical, pense em um terrorista carregado de explosivos a caminho de um lugar cheio de mulheres, crianças e outros inocentes. Segundo a moral, os costumes, a lei e até a religião desse homem, ele está fazendo a coisa certa. Por mais que você tente explicar para ele que isso parece um absurdo, algo muito errado pelo seu ponto de vista, ele dificilmente lhe dará ouvidos, pois foi doutrinado durante uma vida inteira para agir dessa forma e existe toda uma nação que o apoia, louva e aplaude. Se esse homem utilizasse a ética no lugar da moral, não se prestaria a cometer uma chacina, como é comum presenciarmos ultimamente.

É claro que você não é um terrorista, você é uma pessoa "normal", mas a questão é que o terrorista também pensa que é assim, "normal", segundo os seus costumes e as suas tradições. De certa forma, segundo a moral, você e ele estão corretos.

Agora vem a parte intrigante: Se você, o terrorista e a grande maioria das pessoas do mundo pensam que são "normais" e que estão agindo corretamente segundo os costumes e as leis, a doutrina religiosa e a tradição familiar de seu país, e mesmo assim continuam acontecendo infortúnios, guerras, chacinas e genocídios, além de problemas menores, como golpes, furtos e estelionatos, onde está o erro? Como podem todos estarem certos e errarem tanto?

Um dos fatores, e há outros, é justamente o uso radical da moral, de determinados fundamentalismos e da crença enganosa de que estamos certos porque "todo mundo faz assim", entre outras justificativas.

Destacamos que há outros fatores que determinam o atual estágio de insegurança da sociedade, pois o roubo, a corrupção e o tráfico, para citar apenas esses três crimes (que levam a tantos outros), caracterizam-se pela falta de moral (e não pelo excesso), e pela falta de ética, obviamente.

O ser ético não age de determinado modo porque "todo mundo age assim", ele não considera um pensamento ou ato como correto apenas porque é legal e está amparado na legislação, ou porque o líder religioso lhe disse que é isso que a divindade quer, ou porque sua família tem esse costume há séculos. O ser ético, antes de tudo, é um ser pensante, ele analisa a situação, as pessoas envolvidas, reflete sobre as circunstâncias vivenciadas no momento e chega a uma decisão sábia, trazendo o melhor para todos.

Contudo, não pense que estudar ética é o suficiente para ser ético, pois você ainda encontrará desafios gigantescos pela frente. Voltando ao exemplo do terrorista, nem todos promovem uma chacina por ordem do líder religioso, alguns afirmam que receberam a instrução diretamente da divindade. Sentir um Deus no coração, ser atingido por sua revelação, é uma experiência muito forte para um ser humano, seja verdade, seja alucinação. Ele precisa se empenhar muito para ser ético diante disso, pois a ética não endossaria uma ordem de destruição, uma instrução para fazer o mal gratuitamente a outras pessoas; no entanto, nesse caso, ser ético significaria dizer "não" a Deus.

Mas não é necessário pensarmos apenas em exemplos extremos, como o do terrorista. Frequentemente ouvimos falar de homens que disseram ter presenciado a manifestação de deuses, anjos, demônios e outras criaturas para lhes dar ordens, aprovações, bênçãos e proibições. Como resultado, ocorrem não somente as grandes catástrofes como também conflitos menores, como os casos de preconceito étnico, sexual, social e econômico.

Além das divindades, a moral, em forma de ordens e instruções, também parte de autoridades, de superiores no trabalho, de familiares e muitas outras pessoas. O ser ético jamais cometeria um ato maléfico com a justificativa de que alguém lhe ordenou que agisse dessa forma, mesmo que seja o presidente do país ou um deus, pois ele saberia que a decisão de agir ou não agir é tão somente dele, assim como a responsabilidade e a culpa que sente.

Ao final deste livro, deixamos então a seguinte pergunta: A partir de hoje, ao lidar com colegas, amigos, parceiros, cônjuges, parentes, clientes ou qualquer profissional que venha a atendê-lo, **você vai preferir que eles sejam morais ou éticos nessa relação?**

referências

ABBAGNANO, N. **Historia de la Filosofia**. Barcelona: Montaner y Simon, 1954. v. 1.

AGOSTINHO, Santo. **Confissões**. 2007. Disponível em: <http://www.img.cancaonova.com/noticias/pdf/277537_SantoAgostinho-Confissoes.pdf>. Acesso em: 19 set. 2012. Livro digitado.

AGOSTINHO, Santo. **Confissões; De magistro = do mestre**. 2. ed. São Paulo: Abril Cultural, 1980.

AGOSTINHO, Santo. **Regra**. Disponível em: <http://www.agostinianos.org.br/regra>. Acesso em: 19 set. 2012.

ALBERTO, J. **Avicena e a metafísica de Aristóteles**. 9 jan. 2008. Disponível em: <http://recantodaspalavras.com.br/2008/01/09/pequena-historia-sobre-um-livro>. Acesso em: 19 set. 2012.

ARISTÓTELES. **Ética a Nicômaco**. Bauru: Edipro, 2007.

ARISTÓTELES. **Ética a Nicômaco**. 3. ed. Brasília: Ed. da UnB, 1992.

ARISTÓTELES. **Ética a Nicômaco**. São Paulo: Abril Cultural, 1973. (Coleção Os Pensadores).

ATTIE FILHO, M. O "Livro da alma", de Avicena, recebe a primeira tradução direta para o português. Entrevista concedida a Ana Maria Straube. **Instituto de Cultura Árabe**, São Paulo, 29 abr. 2011. Disponível em: <http://www.icarabe.org/entrevistas/o-livro-da-alma-de-avicena-recebe-a-primeira-traducao-direta>. Acesso em: 1 nov. 2013.

BITTAR, E. C. B. O aristotelismo e o pensamento árabe: Averróis e a recepção de Aristóteles no mundo medieval. Revista Portuguesa de História do Livro e da Edição, Lisboa, ano 12, n. 24, p. 61-103, 2009. Disponível em: <http://www.scielo.oces.mctes.pt/pdf/rphl/n24/n24a04.pdf>. Acesso em: 1 nov. 2013.

BORNHEIM, G. A. (Org.). **Os filósofos pré-socráticos**. São Paulo: Cultrix, 2005.

BRÉHIER, É. **O antigo estoicismo**. Tradução de Miguel Duclós. 3 ago. 2002. Disponível em: <http://www.consciencia.org/estoicismobrehier.shtml>. Acesso em: 6 ago. 2012.

CABRAL, J. F. P. Leucipo e Demócrito. **Brasil Escola.** Disponível em: <http://www.brasilescola.com/filosofia/leucipo-democrito.htm>. Acesso em: 1 nov. 2013.

CESAREIA, B. de. **Homilia sobre Lucas. Homilias sobre a origem do homem. Tratado sobre o espírito santo.** 2. ed. São Paulo: Paulus, 1999. (Coleção Patrística, v. 14).

DUCLÓS, M. (Trad.). **Psicologia do Antigo Estoicismo.** Disponível em: <http://www.fe.unicamp.br/dis/transversal/rizomas/ESTOICISMO_E_HELENISMO.pdf>. Acesso em: 1 nov. 2013.

ECCLESIA – Arquidiocese Ortodoxa Grega de Buenos Aires e América do Sul. **Antologia:** São João Crisóstomo. Disponível em: <http://www.ecclesia.com.br/biblioteca/pais_da_igreja/s_joao_crisostomo_vida_e_obra.html#Amor à Pobreza>. Acesso em: 1 nov. 2013.

EPICURO. **Carta sobre a felicidade (a Meneceu).** Tradução de Álvaro Lorencini e Enzo Del Carratore. São Paulo: Ed. da Unesp, 1997. Edição bilíngue.

EPICURO: filósofo. **Biografias,** 3 out. 2012. Disponível em: <http://www.biografia.inf.br/epicuro-filosofo.html>. Acesso em: 18 set. 2012.

ESPINOSA, F. **Antologia de textos históricos medievais.** Lisboa: Sá da Costa, 1976.

EVÁGRIO Pôntico: sobre os oito vícios capitais – a gula. Tradução de Carlos Martins Nabeto. **O Conhecimento dos Santos,** 19 nov. 2012. Disponível em: <http://www.conhecimentodossantos.blogspot.com.br/2012/11/evagrio-pontico-sobre-os-oito-vicios.html>. Acesso em: 1 nov. 2013.

GOMES, T. O. A ética de Epicuro: um estudo da carta a Meneceu. **Metanoia**, São João del Rei, n. 5, p. 147-162, jul. 2003. Disponível em: <http://www.ufsj.edu.br/portal-repositorio/File/lable/revistametanoia_material_revisto/revista05/texto13_etica_epicuro.pdf>. Acesso em: 1 nov. 2013.

HOUAISS, A.; VILLAR, M. de S. **Dicionário Houaiss da língua portuguesa**. versão 3.0. Rio de Janeiro: Instituto Antônio Houaiss; Objetiva, 2009. 1 CD-ROM.

JAEGER, W. **Paideia**: a formação do homem grego. São Paulo: M. Fontes, 2001.

KLIMER, F.; COLOMER, E. **História de la Filosofía**. Barcelona: Editorial Labor, 1953.

MADJAROF, R. A escolástica pós-tomista. **Mundo da Filosofia**, 1997. Disponível em: <http://www.mundodafilosofia.com.br/page29a.html>. Acesso em: 1 nov. 2013.

MADJAROF, R. **Santo Tomás de Aquino**: a moral. Disponível em: <http://www.mundodosfilosofos.com.br/aquino2.htm>. Acesso em: 1 nov. 2013.

MUNIZ, M. Ibn Ruschd: Averróes. **Ibn Khaldoun – site da história islâmica**. 2009. Disponível em: <http://www.ibnkhaldoun.net.br/averroes.htm>. Acesso em: 1 nov. 2013.

NUSSBAUM, M. C. **The Therapy of Desire**: Theory and Practice in Hellenistic Ethics. Princeton: Princeton University Press, 1994.

PELEGRIN, P. Phronesis. In: CANTO-SPERBER, M. (Org.). **Dicionário de ética e filosofia moral**. São Leopoldo: Unisinos, 2003. p. 406-411.

POLESI, R. **O papel da phronesis aristotélica na elaboração do problema hermenêutico em "verdade e método".** São Paulo: Blucher Acadêmico, 2008. Disponível em: <http://www.edu cadores.diaadia.pr.gov.br/arquivos/File/2010/artigos_teses/ FILOSOFIA/Dissertacoes/o_papel_a_phronesis_aristotelica_na_ elaboracao_do_problema_hermeneutico_em_verdade_e_metodo.pdf>. Acesso em: 1 nov. 2013.

POLESI, R. **O papel da phronesis aristotélica na elaboração do problema hermenêutico em "verdade e método".** 90 f. Dissertação (Mestrado em Filosofia) – Universidade Gama Filho, Rio de Janeiro, 2006. Disponível em: <http://www.educadores.diaa dia.pr.gov.br/arquivos/File/2010/artigos_teses/FILOSOFIA/ Dissertacoes/phronesis.pdf>. Acesso em: 19 set. 2012.

PRADO, L. A. de A. Fragmentos: Demócrito de Abdera. In: SOUZA, J. C. de (Sup.). **Pré-socráticos**: vida e obra. São Paulo: Nova Cultural, 1996. p. 295-334. (Coleção Os Pensadores).

PULS, M. **Arquitetura e filosofia**. São Paulo: Annablume, 2006.

SMEHA, B. Afinal, o que é ética. **Etica Buenobrandense**, 24 dez. 2011. Disponível em: <http://www.eticabuenobrandense.blogspot.com.br/2011/12/afinal-o-que-e-etica-mario-sergio.html>. Acesso em: 5 set. 2012.

SOUZA, J. C. de (Sup.). **Pré-socráticos**: vida e obra. São Paulo: Nova Cultural, 1996. (Coleção Os Pensadores).

SOUZA, J. C. de (Trad.). Fragmentos: Heráclito de Éfeso. In: SOUZA, J. C. de (Sup.). **Pré-socráticos**: vida e obra. São Paulo: Nova Cultural, 1996. p. 96-109. (Coleção Os Pensadores).

bibliografia comentada

ISKANDAR, J. I. AVICENA: **A origem e o retorno**. Porto Alegre: EDIPUCRS, 1999. (Coleção Filosofia, n. 86).

É um livro que traz traduções diretas e comentadas, feitas por Jamil Ibrahim Iskandar, dos principais trechos de textos do filósofo árabe. É uma obra com os principais conceitos tratados pelo filósofo em árabe e sua tradução para o português, assim como trabalhos relacionados, com o vocabulário específico de Averróis, e suas possíveis versões para o português. É uma obra a ser lida para se aprofundar na filosofia muçulmana e cristã da Idade Média, com o aristotelismo dominante sobre todos.

BARNES, J. **Aristóteles**. São Paulo: Loyola, 2001.

Nesse trabalho, Jonathan Barnes busca situar os ensinamentos aristotélicos em seu contexto histórico, analisando o universo de contribuições do filósofo grego. Inclui nessa investigação, além das descobertas relativas à lógica, as explanações sobre teorias metafísicas, as concepções sobre arte e poesia, os tratados sobre ética e política e as pesquisas científicas de Aristóteles.

COUTO, M. A. **Patrística**: caminhos da tradição cristã. São Paulo: Paulus, 2008.

Trata-se de um livro escrito por padres da Igreja com um objetivo bastante específico: edificar os tópicos fundamentais da vida cristã. O livro traz em sua estrutura o protótipo dos caminhos da tradição cristã, estimulando tanto a reflexão como a pesquisa, além de promover o hábito da contemplação, característico da vivência dos padres.

JAEGER, W. **Paideia**: a formação do homem grego. São Paulo: M. Fontes, 2001.

A educação como a concebemos hoje, em escolas estabelecidas com o objetivo de formar cidadãos, tem um importante precursor na Grécia antiga, no ideal de formar cidadãos capazes de exercer a vida em sociedade, a política. Essa educação vinha dos preceitos, principalmente éticos, ensinados em escolas para meninos a partir dos seis anos. É desse mundo em que nasce a educação formal que vem o conceito de *paideia* como o ideal de formação de um cidadão.

O autor, Werner Jaeger, define-a da seguinte forma: "a essência de toda a verdadeira educação ou Paideia é a que dá ao homem o desejo e a ânsia de se tornar um cidadão perfeito e o ensina a mandar e a obedecer, tendo a justiça como fundamento." (Jaeger, p. 147). Foi a partir da concepção da paideia que a Grécia passou a formar seus cidadãos com base na ética e na política, e não apenas na beleza ou na força física.

MATHEUS, C. E. M. **Período helenístico**: estoicismo, ceticismo e epicurismo. São Paulo: Universidade Falada, 2007.

Trata-se de um audiolivro de Filosofia que aborda o tema das escolas helenísticas, como parte de um curso. Os autores, do projeto Universidade Falada, traduzem, com referências histórias e muitos detalhes da vida na época, o panorama da cultura grega no tempo em que as famosas cidades-estado se uniram com vistas à defesa compartilhada, mas também com o objetivo de promover a cultura geral de uma Grécia unida, embora triste com a perda do esplendor do período clássico. Nesse amálgama surgem as escolas estoica, epicurista e também a cética, tratando da ética em função das decisões e paixões humanas.

MONDIN, B. **O humanismo filosófico de Tomás de Aquino**. Florianópolis: Edusc, 1998.

O livro se dedica a encontrar as raízes do pensamento humanista na filosofia de Tomás de Aquino. O filósofo, para o autor, estabelece as bases para toda a retomada do pensamento humanista, que viria apenas com o Renascimento, séculos após. Dicotomias como razão e fé, Filosofia e Teologia, e também conceitos como liberdade e vontade são expostos a partir da obra de Aquino.

NOVAES, A. (Org.). **Ética**. São Paulo: Companhia das Letras, 2007. Considerando as contradições de um mundo no qual os estudos, as ciências e as artes se dedicam a pesquisar tanto princípios da vida quanto armas mortíferas, no qual os avanços dos meios de comunicação mesclam-se aos mecanismos sutis e ignominiosos de censura, o autor procura responder a um questionamento básico: Como pensar a ética nesse universo de contradições?

STIRN, F. **Compreender Aristóteles**. Petrópolis: Vozes, 2006.
Parte da Coleção Compreender, que trata dos principais filósofos ocidentais, o livro trata dos principais conceitos desenvolvidos pelo filósofo grego, inclusive as concepções sobre as virtudes e seu papel na vida política. É um livro introdutório que pode servir de início a um passeio maior pela obra aristotélica, e que também retrata o contexto, ou seja, as condições em que se produziu a filosofia na Grécia antiga.

STONE, I. F. **O julgamento de Sócrates**. São Paulo: Companhia das Letras, 2005.
Nesse livro, o autor questiona o conceito de *democracia* a partir do estudo do caso de Sócrates, seu julgamento e condenação à morte por "corrupção da juventude", na Grécia antiga. Uma das principais questões propostas é de que modo a pátria da democracia na Antiguidade pode ter chegado a um julgamento ditatorial, que impôs a pena capital, em suma, ao pensamento ocidental e ao próprio questionamento. Como a defesa da liberdade pode terminar em censura, ou como a política, a vida na cidade, acaba em morte imposta pela sociedade? São perguntas propostas por essa leitura.

STRATHERN, P. **Platão em 90 minutos**. Rio de Janeiro: J. Zahar, 1997.

Esse livro é diferente. Seu objetivo é motivar o leitor que não está familiarizado com a filosofia. Faz parte de uma série que busca empolgar o leitor iniciante em filosofia com textos irreverentes e curiosos sobre os principais filosóficos. O texto de introdução e posfácio servem para situar a obra de Platão na tradição filosófica. No final do volume, é apresentado um quadro cronológico com as datas significativas da filosofia. Nessa mesma obra constam citações do *Teetero*, do *Fédon* e, sobretudo, da *República*, (textos de Platão). Essas citações possibilitam ao leitor o contato com o estilo e as principais ideias de Platão.

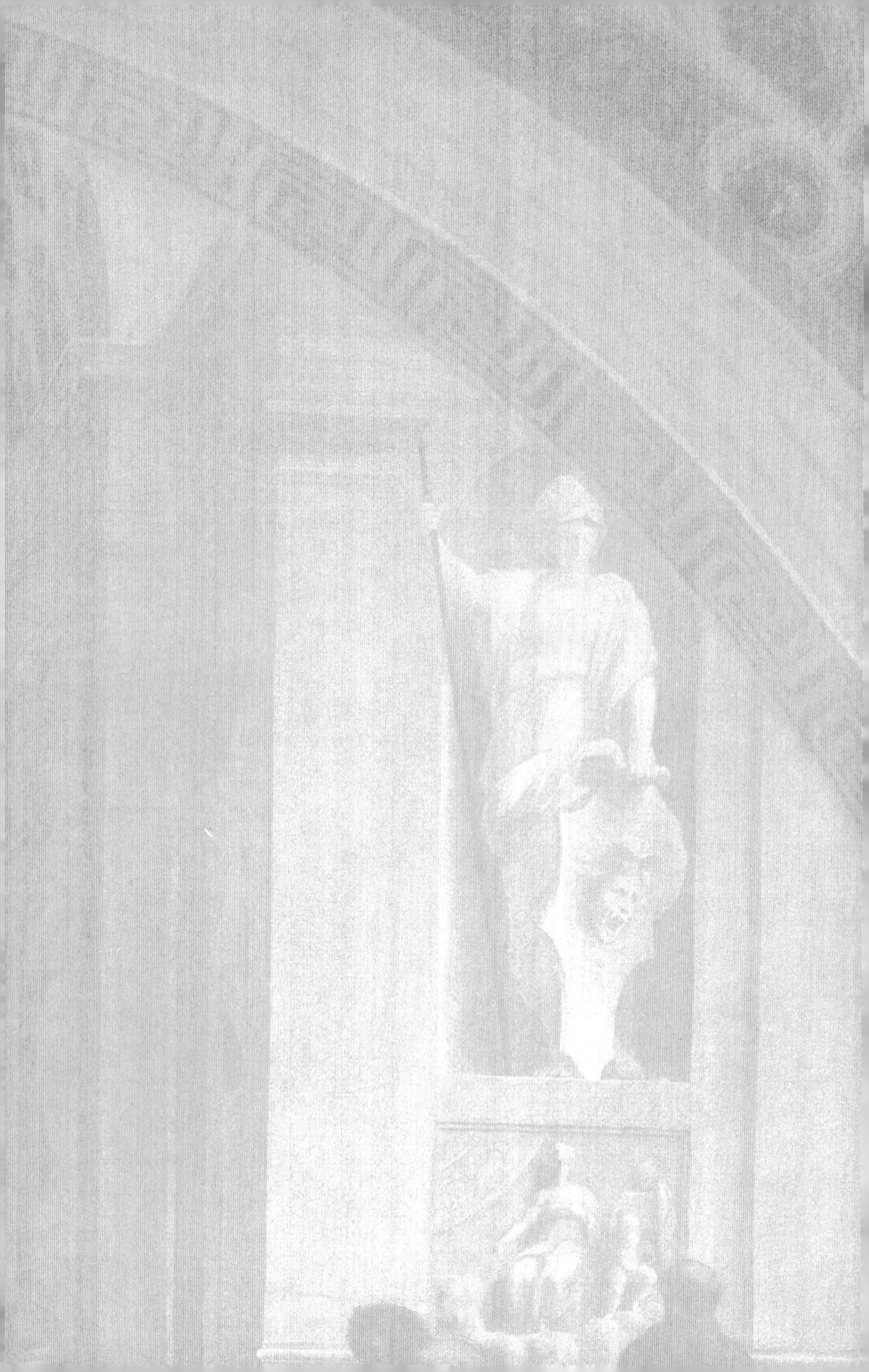

respostas

Capítulo 1

Atividades de autoavaliação

1. c
2. b
3. Anaxímenes, Demócrito, Empédocles, Heráclito, Parmênides, Pitágoras, Tales de Mileto, Xenófanes.

4. b
5. d
6. a
7. c
8. b
9. a
10. Jônica, Atomismo, Pitagórica.
11. b
12. c
13. b
14. a
15. d
16. b
17. b
18. b
19. c
20. c
21. a

Atividades de aprendizagem

Questões para reflexão

1. Não seria exagero dizer que a grande maioria dos filósofos se preocupou com esse tema. Alguns nos deixaram textos escritos sobre ética e moral e, no caso daqueles que não o fizeram, temos relatos de discípulos ou de contemporâneos que confirmam sua atividade intelectual com relação à reflexão sobre esses aspectos. Se há um meio para harmonizar a ética e a moral, provavelmente seria baseado em formular uma moral a partir da ética, pois o contrário não é possível. A ética busca estudar a conduta humana

e o objetivo maior do homem, que é o de existir em harmonia e alcançar a felicidade, enquanto a moral é um conjunto de regras criadas sintética e artificialmente apenas para reforçar os interesses de um grupo social. A ética exige, portanto, um estudo profundo, detalhado e minucioso dos homens e dos contextos, e tem de apontar para uma busca de coisas que sejam boas ou razoáveis para todos, para qualquer um e em qualquer lugar, momento e contexto; já a moral determina como algo deve ou não deve ser, e isso, via de regra, é bom para uns e mau para outros.

Explore nessa questão um exemplo prático no qual os costumes locais (moral) indiquem certa decisão e atitude, mas, ao mesmo tempo, em que uma análise mais universal indique uma decisão contrária. Por exemplo: Um médico, ao constatar que um paciente está recebendo um tratamento equivocado por parte de outro médico, deve denunciar o colega ou não? A norma, nesse caso, é que um médico não deve falar mal de outro diretamente para o paciente, e a análise universal mostra que a vida é mais importante do que qualquer norma. Você pode também pensar no exemplo do bombeiro que está sozinho e só consegue salvar ou um homem, ou uma mulher, ou uma criança em um incêndio. A norma determina que ele tente salvar aquele que está mais fácil de ser salvo e sobreviver, e a análise universal aponta que ele deve tentar salvar todos. Busque também outros casos identificados no seu dia a dia.

2. Em relação aos filósofos atuais, há certo silêncio sobre esse assunto, não porque ele não seja importante, mas porque é considerado óbvio, de certa forma tão banal que não precisa ser questionado. Uma pessoa iniciada em filosofia e que tenha compreendido a importância do pensamento, da razão e da lógica não dará tanta

importância para a autoria, para a "assinatura" de um texto, pois sua atenção e seu interesse maior estarão no que realmente importa: o conteúdo, os argumentos ali presentes. Importar-se demais com o autor conduz a falácias e sofismas, como ocorre quando se diz que um modelo de carro é bom porque Einstein comprou um, ou quando se afirma que a frase "Filhos devem ser educados com carinho" não é válida porque seu autor nunca teve filhos. A verdade é que um bêbado, ou um louco, ou um homem de pouquíssimo estudo pode proferir um argumento válido e verdadeiro, da mesma forma que um gênio ou uma autoridade em determinado assunto pode dizer uma enorme tolice; a história está repleta desses exemplos.

Explore o que é, afinal, o direito de autoria, qual importância de saber quem determinada coisa. O que é mais importante, o conteúdo ou o autor?

O conceito de autoria, de autoridade, de celebridade e outros congêneres não devem ser aplicados em filosofia ou em ciência. Na verdade, são apenas armas desonestas para convencer as pessoas: dizer "Use este desodorante porque Elvis Presley usa" é o mesmo que dizer "acredite nisso porque foi Sócrates quem falou". Muito pelo contrário, um dos fundamentos da Filosofia é que devemos pensar por nós mesmos.

Capítulo 2

Atividades de autoavaliação

1. b
2. a
3. b

4. b
5. b

Atividades de aprendizagem

Questões para reflexão

1. Não há uma resposta certa para essa questão, mas você pode examinar questões atuais como o fundamentalismo religioso, o terrorismo, a libertinagem, a corrupção, o vício em drogas, a destruição ambiental, a abstinência e o crime organizado. Todas podem ser vistas como exageros, como posições extremas em relação a algo, como determinar que não se deve caminhar pelas ruas para não pisar nas formigas ou despejar refugos tóxicos nos rios, ou que se deve colocar bombas no corpo e explodir-se com outros num ato religioso ou de protesto, ou que se deve aceitar passivamente a tirania de um Estado, ou que se deve trabalhar 20 horas por dia para enriquecer ou ficar satisfeito para sempre com um salário mínimo. Procure analisar os meios-termos nessas e em outras situações.

2. Uma explicação possível é que Aristóteles chamava de alma o que hoje chamamos de mente, e não necessariamente a alma na visão cristã. No pensamento moderno, as virtudes ficam todas na mente, com exceção, é claro, do pensamento das doutrinas religiosas.

Capítulo 3

Atividades de autoavaliação

1. c
2. c

3. b
4. a
5. b

Atividades de aprendizagem

Questões para reflexão

1. Na medida em que saímos cedo de casa para trabalhar, estudar, "produzir", em busca da prosperidade, de "vencer na vida", perdemos o convívio com a família. Tentamos substituir esses momentos dando presentes aos nossos familiares, pagando babás ou creches para cuidar de nossos filhos, dando-lhes mesadas, contratando enfermeiros e cuidadores para atender nossos idosos, ou colocando-os em asilos, e saindo para comemorar o Dia da Criança, da Mulher, das Mães, o Natal, o aniversário etc. Todas as opções deixaram de ser realidade de relacionamento e tornaram-se consumo.

2. O consumismo é um fenômeno típico do capitalismo ocidental do mundo industrializado e globalizado. Observe os anúncios publicitários. Eles normalmente associam produtos e serviços com pessoas sorridentes, alegres, momentos íntimos familiares, amor entre casais, romantismo etc. No entanto, os produtos e os serviços em si raramente proporcionam esses momentos. Não há uma relação estabelecida entre os produtos e os serviços oferecidos e os momentos felizes. Fumantes não têm necessariamente aquele sorriso branco ou são mais inteligentes, "Carlton" não é um "raro prazer", é bem comum e repetitivo: é um vício; o sonho da casa própria pode ser um pesadelo; o plano de saúde nem sempre proporciona saúde, e assim por diante. Quando

Epicuro disse que a felicidade está em ter controle sobre os desejos, parecia estar falando do mundo moderno.

Capítulo 4

Atividades de autoavaliação

1. b
2. c
3. a
4. a
5. a

Atividades de aprendizagem

Questões para reflexão

1. Entre os princípios basilares da Filosofia está a condição essencial de ser praticada, vivida e exercida por um ser pensante. Pedras e outros objetos inanimados não podem filosofar, simplesmente porque não podem pensar. Limitar o pensamento de um ser de alguma forma é inevitavelmente privá-lo de filosofia. Viver de maneira filosófica significa, antes de tudo, elaborar perguntas, perguntas tão boas que sequer precisam de respostas para causar inquietação e mudanças. Um dogma não pode ser questionado, assim como regras rígidas tolhem a atividade do pensamento.
2. Todo ser é alienado de alguma forma. Se você não sabe cozinhar, é alienado em relação à culinária; se não sabe fazer a planta de um prédio, é alienado no que se refere aos conhecimentos de engenharia civil, e assim por diante. Não há problema em ser alienado com relação a diversos assuntos.

A alienação prejudicial, discutida aqui, refere-se a coisas que seria muito importante você saber, porque dizem respeito diretamente à sua vida, à sua felicidade e ao seu bem-estar. Por exemplo, saber que há excesso de hormônios nos ovos de granja que lhe vendem no supermercado, que há agentes cancerígenos em determinado alimento industrial, que o posto de gasolina estipulou um aumento de preço muito acima da média praticada, que certos direitos trabalhistas que você tem não estão sendo respeitados, que um determinado imposto é abusivo, e assim por diante.

Embora os dogmas sejam utilizados até hoje como forma de alienação, outras formas estão presentes e são marcantes no cotidiano, como a globalização, o consumismo, o bombardeamento de notícias e propagandas, as bebidas alcoólicas e as drogas, a ideologia. Trata-se de uma alienação ativamente promovida por aqueles a quem interessa que você permaneça alienado em relação a suas atividades de exploração.

Capítulo 5

Atividades de autoavaliação

1. c
2. a
3. b
4. b
5. b

Atividades de aprendizagem

Questões para reflexão

1. Se você prestar atenção aos noticiários de TV e aos jornais, tanto na atualidade quanto em outros períodos da história, verá que se trata de um fenômeno muito comum. O atual Partido dos Trabalhadores, por exemplo, era um modelo de união e coesão na época em que era uma minoria de esquerda contra uma direita política dominante. Assumindo o poder, esse partido, em pouco tempo, começou a dividir-se internamente, havendo dissidências e sectarismo. O próprio cristianismo sofre esse fenômeno até a atualidade, tendo se dividido de forma exponencial nos mais diferentes dogmas e doutrinas, de modo que o único elemento em comum é o nome de Jesus Cristo, pois todos os demais aspectos se tornaram variáveis, como sua condição de filho de Deus, seus familiares e seus mandamentos. Mesmo a Bíblia já existe em diversas versões, com diferenças abismais. Mas é claro que tanto petistas quanto cristãos que escolheram uma divisão qualquer afirmam seguir a corrente mais correta, mais tradicional, mais verdadeira. O fenômeno parece se basear em oportunismo, acima de tudo.
2. São muitos os exemplos de pessoas que colocam a fé ou a razão acima de tudo ou que tentam harmonizar as duas. É o caso, por exemplo, do terrorista que detona uma bomba em seu corpo (fé acima da razão); da pessoa que morre por dispensar o tratamento médico para um tumor maligno (fé acima da razão); da pessoa que não tenta desenvolver um projeto porque as chances de sucesso são poucas (razão acima da fé); da pessoa que faz suas orações e o tratamento médico ao mesmo tempo (razão e fé harmonizadas).

Capítulo 6

Atividades de autoavaliação

1. c
2. b
3. a
4. d
5. b

Atividades de aprendizagem

Questões para reflexão

1. É comum alguém obter boa formação escolar, graduar-se, fazer estágio e, mesmo assim, ter enormes dificuldades na hora de trabalhar – ao lidar com os colegas, ao lidar com o chefe ou com subalternos ou ao tomar decisões. Um certificado ou um diploma apenas comprova que a pessoa fez o curso, mas isso está longe de certificar sua competência efetiva para realizar o trabalho em todas as suas variáveis e circunstâncias. Esse é um bom exemplo da ausência de conhecimento que origina problemas. Outros exemplos são as pessoas que se casam, contraem sociedades, assinam contratos ou fazem compras importantes, para depois se arrependerem amargamente ao descobrir que as coisas não são do jeito que imaginavam. É o preço da ignorância, da alienação e da ilusão.

2. Não há nenhum problema entre ciência e fé. A ciência é apenas um método para responder a perguntas como: Quanto pesa aquilo? Qual a temperatura disso? Quantos quilômetros essa máquina faz com seis litros de combustível? A que velocidade chegará essa pedra ao cair? A ciência só se aplica a coisas

tangíveis, que podem ser escrutinadas, examinadas em ambiente controlado repetidas vezes. Ela nunca tentou nem tentará versar sobre divindades, anjos, demônios, espíritos ou qualquer outro elemento da fé. O produto da ciência, ou seja, a tecnologia e o conhecimento, é amplamente utilizado para disseminar e fortalecer a fé nos dias atuais. No entanto, de forma radical e ignorante, ainda há quem pense que a ciência tem alguma coisa a ver com a fé ou que lhe é contrária. Alguns pensam que todo cientista é ateu ou que todo crente é desprovido de ciência, o que constitui um grande engano.

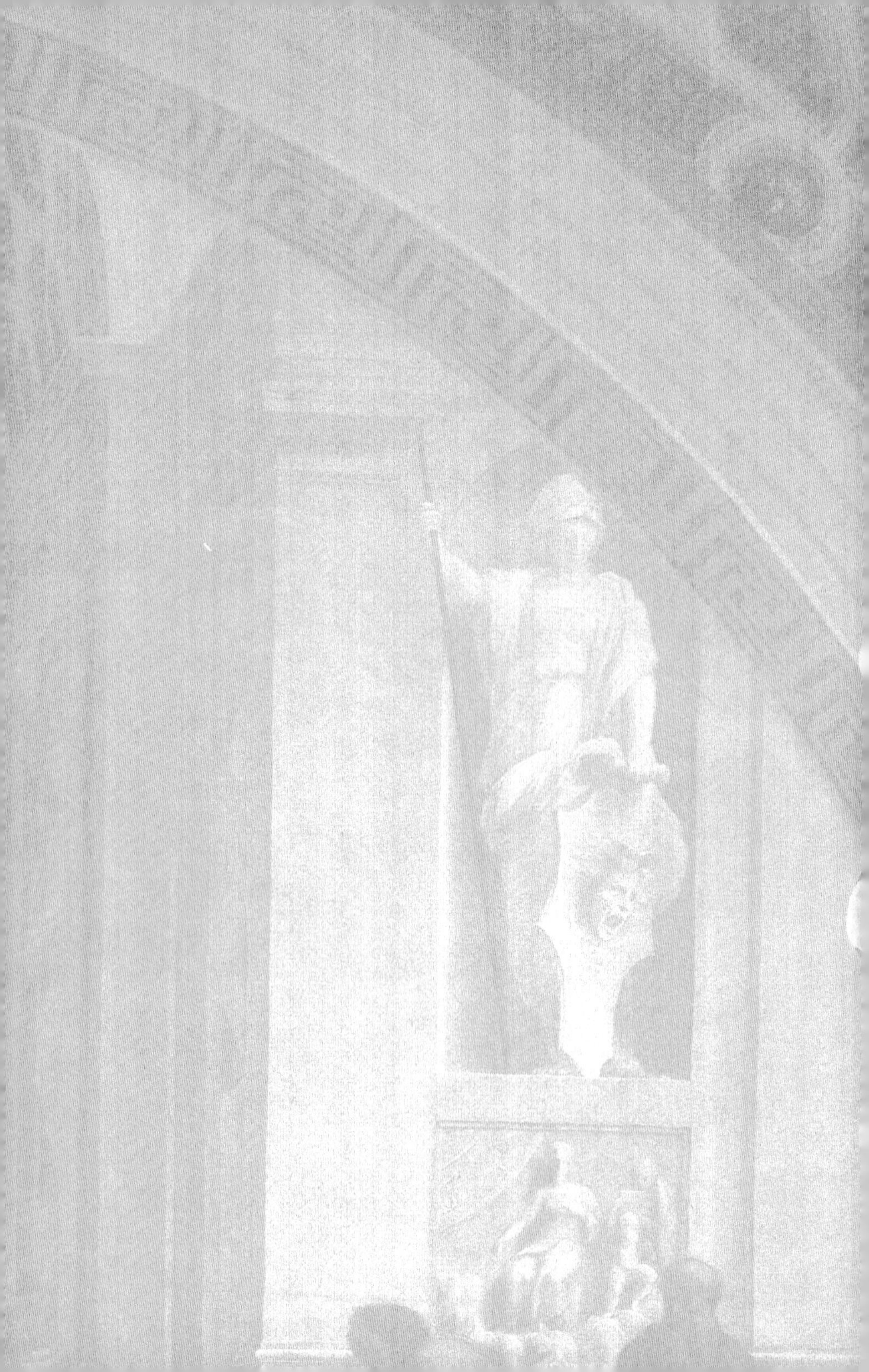

sobre o autor

Reginaldo Polesí cresceu na cidade de Linhares, Espírito Santo, onde viveu até os 18 anos de idade. Mudou-se para Vitória e, em 1990, entrou para o seminário dos franciscanos em Agudos, São Paulo. Fez o noviciado na congregação dos palotinos na cidade de Cornélio Procópio, Paraná. Formou-se em Filosofia, no ano de 1996, pela Pontifícia Universidade Católica do Paraná (PUCPR). Em 1997 saiu do seminário e começou sua vida profissional como professor de História e Filosofia na rede pública de educação do Estado do Paraná. Desde então, fez um aperfeiçoamento, seis pós-graduações, um mestrado e outras três licenciaturas.

Tem licenciatura em Pedagogia (2019); em Letras-Português (2019) e em Matemática (2021); especialização em Metodologia do Ensino Superior (1997); em Interdisciplinaridade no Ensino Fundamental (1998); em Tutoria em EaD (2008); em Aperfeiçoamento em Mídias Integradas na Edução (2013); em Educação de Jovens e Adultos (2016) e em Educação Especial Inclusiva (2016). Tem mestrado em Filosofia (2006).

O mestrado em Filosofia Ética pela Universidade Gama Filho (UGF-RJ), com a dissertação intitulada "O papel da phronesis aristotélica na elaboração do problema hermenêutico em 'Verdade e Método'" foi publicada como livro em 2008.

Trabalhou na coordenação de Central de Estágio do Governo entre 2005 e 2011, nos anos de 2011 e 2012 esteve na Paraná Esporte (Secretaria de Esporte do Paraná), no Programa Segundo Tempo.

Atualmente, é professor concursado da Secretaria de Estado da Educação do Paraná, no Colégio Estadual Santa Cândida.

Também é chefe Escoteiro no GE39PR – Marechal Rondon e faz parte da "Equipe Nacional de EAD da UEB".

SANZIO, R. *A Escola de Atenas (Scuola di Atene)*.
1509-1510. 500 cm × 770 cm; color.
Stanza della Segnatura, Palácio Apostólico:
Cidade do Vaticano.

Impressão:
Setembro/2023